愛情學分與分手藝術

Studies on Love and Art of Breaking Up

王淑俐／著

序

問世間，情是何物？直教生死相許。

天南地北雙飛客，老翅幾回寒暑。

歡樂趣，離別苦，就中更有痴兒女。

這是金代的元好問看到大雁南飛北歸，路程遙遠仍比翼雙飛，若被迫分離竟以死相隨，這樣的痴情甚於人間男女！所以寫下《摸魚兒‧雁丘詞》抒發情感。

不過，在現代的愛情學分裡，我們要學習相互扶持、百年好合，即使戀情受阻也不輕易放棄；要以真心誠意來突破困境，達到圓滿的結局。不要情感用事、一死了之，讓愛你的家人好友遺憾終身。

子張問老師：什麼是「惑」？孔子回答：

愛之欲其生，惡之欲其死！

既欲其生，又欲其死，是惑也！（《論語‧顏淵》）

相愛時，希望對方平安、順利、成功、快樂；遭到背叛或分手時，又痛恨得詛咒他／她「不得好死」。想來相當矛盾！這就是「迷惑」吧！「恐怖情人」就是如此！相愛時轟轟烈烈，「愛不到」就置對方於死地，這種迷惑的愛絕非真愛。

愛情的世界裡還有許多疑惑，如：

‧要怎麼找到「對的人」？

‧要怎麼辨別「真愛」？

．要如何「告白」或「拒絕」？

．如果對方「變心」該怎麼辦？

．要如何好聚好散、和平分手？

．怎麼知道及遠離「恐怖情人」？

．如果我是「同性戀」該怎麼辦？

本書將陪伴你一起「解惑」，幫助你找到及抓住確定的幸福。

王淑俐　謹識

目　錄

第一篇

愛情學分

——幸福課程

Chapter 1

青春期之後的愛情世界

第一節　認識真正的愛情

青春期以後，愛情在生活中的地位愈來愈重要。不由自主的你總想多看可愛的他／她一眼，殷殷期盼「對面的女孩／男孩看過來」。看不到的時候，腦海及夢境裡幾乎全是他／她的影像，既甜美又酸澀，如作家李敖所寫的歌〈忘了我是誰〉：

不看你的眼，不看你的眉，看了心裡都是你，忘了我是誰。
不看你的眼，不看你的眉，看的時候心裡跳，看過以後眼淚垂。

就是特別的在乎他／她，也沒多想是不是真的適合自己，唯一的願望是能天長地久在一起。如果你還是中學生，父母不免擔心你受到愛情的負面影響；萬一你功課退步了或為了他／她而說謊，父母更會把責任都推到戀愛頭上。於是可能強迫你選擇課業而放棄愛情，或說不反對你談戀愛只要能先將功課顧好，或希望你們彼此勉勵，考上好大學後再繼續交往。

♥ 愛是學習的歷程

你覺得父母過於擔憂、過度反應，因為你們已經交往了，不是說分手就能分手的。而且分手若出於強迫，就更難做到。當青少年堅決捍衛愛情時，強迫分手只會「適得其反」。除了造成親子嚴重衝突外，還可能發生「羅密歐與茱麗葉」般殉情的悲劇。

就算你們表面不再交往，父母能禁止你想念他／她嗎？「少年情懷總是詩」，即使只是單戀與暗戀也是美好的。其實你並不糊

塗，不會隨便認定某人就是你的真愛，如戴愛玲所唱〈對的人〉：

> 愛雖然很美妙，卻不能為了寂寞，又陷了泥沼。
> 愛要耐心等待，仔細尋找，感覺很重要。

有一天你會明白，愛情不只是感性，也包括理性的抉擇：

> 為了一份愛付出去多少，然後得到多少並不計較。
> 當我想清楚了時候，我就算已經準備好。

愛情來的時候，你願意「配合」（巧合）他／她的公車班次或捷運時間，願意多走一段路「陪伴」（保持安全距離）他／她，而自己上學遲到或錯過晚餐。即使之後你們沒有開花結果，因為你心甘情願，所以不會特別感傷，反而感謝他／她使你的生活更有盼望與喜悅。你知道真正等待的人還沒出現，你想把全部的愛保留給「對的人」。何時能「放手去愛」，讓自己或對方真正幸福（而非「身陷險境」），是一段學習的歷程。

父母一方面希望你找到適合的人生伴侶，卻又怕你在愛情中犯錯與受傷！但消極的防堵永遠比不上積極的疏導，所以「談情說愛」這門應教而未貫徹的「懸缺課程」（the null curriculum）要盡快落實。如孔子說：「不加以教育便懲罰，是殘酷不仁的。」（「不教而殺謂之虐」──《論語・堯曰第二十》）教育部發布「高級中等學校訂定學生獎懲規定注意事項」（2014年），明令校規不能禁止學生談戀愛，也不能以男女交往、行為不檢等籠統字眼懲處學生。所以，父母也應以愛與理性面對青春期以後孩子的愛情，配合學校教育，一同引導他們認識真正的愛情。

♥ 愛像什麼？

什麼是愛情？一部美國老電影《星夢淚痕》（*A Star Is Born*，1976年），女主角芭芭拉‧史翠珊（Barbra Streisand，1942年生）演唱的主題曲Evergreen（獲得奧斯卡金像獎最佳電影主題曲獎），對愛情的描述非常清純：

Love, soft as an easy chair　愛，如躺椅般柔軟
Love, fresh as the morning air　愛，如清晨微風般清新
Like a rose under the April snow　如玫瑰在四月雪中綻放

國片《女孩壞壞》（2012年），由女子團體SHE的Ella主演，片中她唱的插曲〈愛像什麼〉（1983年由偶像歌星劉文正唱紅），將愛情比擬得非常俏皮：

愛像什麼？愛像星期天的早晨。
愛像什麼？愛像擁抱著風。
愛像什麼？愛像紫色的夢幻。
愛像什麼？愛像說話的眼睛。

情歌描述的愛情都分外溫柔與美妙，正因如此，所以**愛情需要理性來平衡，以免因過度美化而判斷錯誤**，如張韶涵演唱的〈親愛的，那不是愛情〉（作詞／方文山，作曲／周杰倫）：

你說過牽了手就算約定，但親愛的那並不是愛情。
就像來不及許願的流星，再怎麼美麗也只能是曾經。

為什麼「牽手」不等於「約定」？因為，情緒衝動會使人說出

自己都不確定能否實踐的承諾，如歌中所唱：「就像是精靈住錯了森林，那愛情錯得很透明。」即使錯得明顯，許多人仍沉迷在「自以為是」中，一錯再錯。

♥ 「愛情三角形」理論

耶魯大學心理學家史坦博格（Robert Sternberg, 1986）提出「愛情三角形」（triangle of love）理論，認為愛情應包含三個「邊」（元素）：

1. 親密（intimacy）：是一種投契與心靈的結合，感到與對方很親近，凡事都可以分享並得到支持。
2. 激情（passion）：屬於生理上的吸引力，通常進展得很快。在一起時非常快樂，分離時則強烈思念。
3. 承諾（commitment）：在確定雙方的關係後，給予對方的保證。是維持關係的動力，以忠誠、患難與共來表現。

少了其中一、兩個元素，還算是愛情嗎？若只有心靈「親密」，算是喜歡。只有生理「激情」，應算迷戀。只有「承諾」，則是空洞的愛。「親密」加「激情」，是浪漫之愛，「親密」加「承諾」是同伴之愛，「激情」加「承諾」是癡情。缺了一邊或兩邊的愛情，都不夠圓滿，使人忐忑、猜測、保留、焦慮及不踏實。**不健全的愛情愈強烈，製造的問題愈大。**

激情、親密、承諾的內涵比想像中深刻許多，需要用心學習才能「到位」。先從最困難的「承諾」說起，約翰‧布雷蕭（John Bradshaw）著《你真的懂得愛嗎？──創造真愛手冊》提到，「配偶的承諾」重點如下（1994，頁228）：

1.承諾繼續個人成長,並支持伴侶的個人成長。

2.肯定伴侶的長處,耐心對待他(她),調解彼此的差異與衝突。

3.疾病或健康、貧苦或發達,都應彼此扶持。

4.在你的子女有發展性的依賴需要時,儘量投入時間和心神解決衝突。

在上述四點承諾中,最常聽到的是第三點——要能「同甘共苦」。第四點關於兒女需求的承諾,乍看是婚後才需注意的事,其實不然。戀愛時不應太衝動或太單純,要想到目前的伴侶是不是未來理想的爸爸/媽媽人選?否則孩子出生後,發現他/她對孩子不好、不願負起家庭責任時,想結束關係,就會影響到孩子「發展性的依賴需要」。

所以,婚姻中若感覺不愉快或不滿意,不可隨意離婚。得先投入最大心神與最多時間,解決你們的衝突。因為孩子不是只有爸爸或媽媽就足夠了,在單親或隔代教養中成長,仍有相當大的風險。**不是每個單親父母(尤其過於年輕)或隔代教養者都稱職,而且經濟及精神的壓力也較大。**

第一點與第二點承諾互有關聯,我們要了解伴侶,不僅是肯定其優點,也包括認知彼此的差異與衝突。每個人都不完美,雙方都要繼續成長。若一方拒絕成長或彼此的差異過大,也不可衝動分手。須先經過確實的努力,包括尋求專業的輔導。不要只聽信親友不客觀且偏袒你的意見,更不該把問題都推給對方,將關係的結束歸咎於他/她。

再來談到親密感,這部分是指心靈的感受,主要藉由溝通技巧來增進。溝通不是為了控制、說服與改變對方,也不是一味遷就對方、隱藏自己真正的想法與意見。而是深入的相互了解,尤其是彼

此差異的部分。戀愛中常只接收「心有靈犀一點通」的共通處，不願多看已十分明顯的不同處；所以才說，「愛情是盲目的」。

愛情中的激情，雖屬生理成分，但也需要溝通。因為性與愛不是同一件事，有「性」不一定有「愛」，有「愛」也不一定要有「性」。情人之間若只講究性技巧或感官享受，沒有真正的親密感，「性」反成愛情的殺手。不少人對性的感覺並不愉悅甚至抗拒，就是因為雙方並未建立真正的親密感。

可惜國人對於「性」常難以啟齒，不知如何與對方溝通自己真正的感受與需求。性是表達愛的一種方式，且要雙方相互配合。若只滿足單方的性需求，忽略另一方的感覺，就會破壞了愛情。**真愛是非常細膩的，在生活的點點滴滴中表現，不只是靠激情**，如梁靜茹所唱的〈暖暖〉：

> 細膩的喜歡毛毯般的厚重感，曬過太陽，熟悉的安全感。
> 細膩的喜歡你手掌的厚實感，什麼困難都覺得有希望。

不必為了討情人歡喜，而費盡心思或花大錢創造「羅曼蒂克」的氣氛。這樣的愛雖然轟轟烈烈，卻最容易消逝。因為別人能製造更燦爛的火花，而輕易轉移。

❤ 愛情練習題

真正的相愛不是「口惠而實不至」，更不能「口是心非」。如果自己的條件及狀況不好，對方還能遵守承諾、不離不棄，這才是真愛。若有人輕易說出「我愛你」，你也立刻相信這誓言。雙方都有錯，均未好好思考對方是否適合「執子之手，與子偕老」（《詩經・邶風・擊鼓》）。如一首老歌〈動不動就說愛我〉所唱：

每個人都錯,錯在自己太成熟,輕易讓愛上心頭。

說出「我愛你」雖不是欺騙,卻忘了承諾的代價,如歌詞所唱:

動不動就說愛我,誰又量過愛多久,才能當作一生的承諾。

實境與解析

大S徐熙媛主演的電影《愛的發聲練習》(2008年),是根據真人實事所改編;描述少女小貓從18歲到28歲中發生的幾段愛情故事。

高三時,小貓洗澡遭繼父偷窺(母親卻不相信),憤而離家出走,與同病相憐(父母離異)的同學阿良(彭于晏飾)租屋同住。

小貓考上大學,阿良卻落榜了。阿良入伍服役前,小貓堅定的對他說:「我們要永遠在一起。」但不久小貓就在寂寞和經濟雙重壓力下,與已婚男子小古(張孝全飾)「網路援交」,深陷情慾無法自拔。

阿良發現小貓與小古在一起後,非常痛苦。軍中同性戀的學弟阿傑安慰他(其實是愛上了阿良),即使阿良不能接受他,仍願意繼續陪伴。阿良也是,即使小貓不再愛他,他也沒走。

後來,小貓知道小古的妻子懷孕了,非常傷心;只好將注意力轉移到其他的援交對象,卻被小古嚴厲指責。於是小貓服藥自殺,但也沒因此挽回小古。多年後,小貓再遇見單純的Sunshine(東明相飾)……。

小貓每次都認真的為愛付出,但仍深感困惑:哪一段感情才是「真愛」?小貓就在這跌跌撞撞的過程中,傷痕累累!

從《愛的發聲練習》這部電影,可以看出六道愛情練習題:

一、愛情如何禁得起考驗？

　　小貓在阿良入伍不久就愛上小古，是小貓善變或愛情本就難以持久？「海枯石爛，此情不渝」的誓言，不容易通過考驗吧？

　　阿良如何面對「兵變」？如何宣洩痛苦的情緒？如何說服自己走出情傷？要不要繼續與小貓做朋友？

二、如何看待愛情的第三者？

　　小貓與已婚的小古援交，不僅有道德與價值觀的瑕疵，也涉及法律責任。小貓已成年，觸犯的是刑法第239條通姦罪，法定刑為一年以下有期徒刑。受六個月以下有期徒刑或拘役之宣告者，得以新臺幣一千元、二千元或三千元折算一日，易科罰金。

　　小貓扮演的「第三者」角色，是愛情練習中的難題，不見得能順利解題。小貓是「介入者」，從前被形容為「破壞者」，會遭到較多的批判。小古是「劈腿者」，若他有意欺騙小貓、隱藏已婚身分，則要承擔更多責任。至於小古的妻子，可自行決定原諒丈夫或承受被拋棄的創傷，但不應將責任全推給第三者（這是今天檢討「通姦罪除罪化」的原因之一）。不少配偶會控告第三者而原諒丈夫，可悲的是，通姦罪若得易科罰金，丈夫往往幫第三者繳納，元配情何以堪？

三、網路援交可能產生愛情嗎？

　　報載，青少年為了獲得手機等昂貴禮物，不計後果與網友發生性關係。對於從事性交易的兒童或少年，依「兒童及少年性交易防制條例」（民國84年通過）第11條至第21條，會安置他們到緊急短期收容中心。對於有從事性交易之虞的青少年，則裁定安置於專門收容性交易之兒童及少年的「中途學校」，施予二年之特殊教育。此類學校通常位處偏遠，必須住校。

中途學校的輔導措施或課程包括：建立正向的金錢價值觀、培養正向的休閒態度與能力、鼓勵正面學習及改變以獲得成就感、參與各項活動的生活體驗、增進與家人的溝通等（陳慧女，2014，頁121）。

自民國85年起，我國每年安置於中途學校的兒童與少年人數在100～190人之間。至民國100年止，總計有1,420位曾安置於中途學校（包含獨立式、合作式、資源式），男女各占0.6%及99.4%。民國88年開始有男性被安置於緊急短期收容中心，民國94年才有男性被安置於中途學校（陳慧女，2014，頁118）。

與未成年少女發生性行為者，未滿18歲屬告訴乃論；如已滿20歲，即屬非告訴乃論。縱然與被害人達成和解，檢察官仍得提起公訴。依據刑法第227條規定：「對於未滿十四歲之男女為性交者，處三年以上十年以下有期徒刑。對於十四歲以上未滿十六歲之男女為性交者，處七年以下有期徒刑。」未滿十六歲之人所同意的性行為，在法律上無效。

上網散布「援交」訊息也構成犯罪，依「兒童及少年性交易防制條例」第29條之規定：「以廣告物、出版品、廣播、電視、電子訊號、電腦網路或其他媒體，散布、播送或刊登足以引誘、媒介、暗示或其他促使人為性交易之訊息者，處五年以下有期徒刑，得併科新臺幣一百萬元以下罰金」。

基本上網路援交是錯誤的行為，因此而發生的愛情，可能是誤將「性」當作「愛」。

四、未婚懷孕怎麼辦？

小貓混淆了激情與愛情的關係，過度沉溺於與小古身體接觸的感覺，忽略愛情應包含心靈契合及長期關係的承諾。沒有愛情也能產生性行為，但對女性還有懷孕的風險。若懷孕，不論是墮胎或奉子成婚，若彼此認識不足或年紀太輕，都不易有圓滿的結局。

報載，2014年，苗栗一對小夫妻（夫21歲，妻19歲）獨留兩個稚齡女兒在家，而外出找工作及買尿布（原本在家的奶奶去了菜園）。小夫妻回來後發現4個月大的二女兒被悶在棉被裡，送醫不治。疑是1歲4個多月的小姐姐幫妹妹蓋被，不小心釀成意外。女嬰父親臉書寫著：「對不起！我們是不稱職的爸媽，因為疏忽，爸爸失去了妳。」依據「兒童及少年福利與權益保障法」，留6歲以下幼童獨處，裁罰三千到一萬五千元。若發生死亡意外，照顧義務者觸犯過失致死罪，最重可處兩年徒刑。

　　以懷孕來說，若女方已18歲、未滿20歲，男方剛滿17歲且不願意結婚。女方想進行人工流產手術，必須經過法定代理人同意（但不需要男友簽立同意書），否則構成刑法的墮胎罪，最高可處六個月以下有期徒刑。

　　若女方想留下孩子自己照顧，因與男友沒有結婚，生下孩子後由男友認領，發生法律上的父子關係，才可要求男友支付孩子的扶養費用。認領可以用「任意認領」方式，或是提起訴訟請求「強制認領」（未成年人認領無須得到法定代理人同意）。女方若希望自己擔任孩子的監護人，前往戶政事務所辦理認領登記時，與男友以書面約定由女方擔任孩子監護人。如果沒辦法達成協議，可以請求法院酌定監護人。在二人沒有約定或法院沒有酌定之前，法律上處於共同監護的狀態。

　　若養不起孩子又不能讓父母知道自己未婚生子，可否偷偷把寶寶放在別人家門口或把孩子隨意丟棄？這違反刑法第294條之遺棄罪，可處六個月以上，五年以下之有期徒刑。

五、如何面對同性戀告白？

　　阿傑向阿良告白，但阿良不是同性戀者，雖感到驚訝且不能接受，但無需惶恐或表現嫌惡。不管同性戀或異性戀，愛情的本質是相同的。

阿傑知道阿良愛小貓，但他仍不放棄；即使不能與阿良在一起，還是能成為好朋友。同性戀的比率約占總人口一成，因為是少數，加上他們的表現與我們沒什麼不同，所以未必能察覺。無論如何大家都要學習了解與尊重不同的「性取向」，人人都有平等追求愛情與婚姻的權利。

六、為愛自殺值得嗎？

電影中小貓為了小古而自殺，吞服安眠藥的方式看來似乎很輕鬆，只需要把藥丸一顆顆吞進去即可，之後還能輕易獲救。實際情形絕非那麼淒美，也可能無法獲救，或留下嚴重的後遺症。

不少人自殺的方式非常強烈，幾乎沒有後悔及回頭的機會。自殺身亡不見得讓傷害你的人得到警惕，卻能讓真正愛你的家人及好友痛苦好久好久。如果覺得對方傷害你是不對的，你為何用同樣的方式傷害自己，以及真正在乎你的人呢？

總之，不要急著一頭栽進愛河，不必因為愛情遲到而煩惱，我們要跟真實的人而非「完美情人」談戀愛。真愛不只有生理激情，還需要心理親密與默契，更要能長期相處。這些都需要細心觀察與通過考驗，急不得！

先從做朋友開始，更能看到對方的真實面貌。以我國晚婚的狀況來看（男約32歲，女約28歲），從17歲憧憬愛情到結婚修成正果至少十年，找到「對的人」是件「重要而不緊急」的事，可以早點開始，但切記「欲速則不達」。

插圖／胡鈞怡

第二節　愛情，多少悲劇假你之名而發生！

「擋不了的愛？國二女偕網友殉情亡！」

「台大畢高材生，愛不到妳殺死妳！」

「高二女生，上學途中遭25歲男友猛刺11刀！」

「高中女生在家產子，將女嬰塞進馬桶沖掉。」

　　每當中學生、大學生遭到性侵、情殺、殉情等事件上媒體時，各界總一陣譁然與批判；不解年輕人為何愛不到就以死相逼──自殺或毀掉對方？為何輕易相信別人而遭性侵害？為何不顧慮未婚懷孕及產子的責任與後果？

　　青春期之後，對愛情充滿好奇及幻想；若父母師長過於擔心或禁止，就可能選擇欺瞞而將戀情地下化。自我摸索、嘗試錯誤及同儕影響的結果，反而更容易因緊張或反抗，陷入愛情泥淖中。輕則茶飯不思、功課退步、考試落榜甚至中途輟學，嚴重時可能自我傷害或犯下無法挽救的錯誤；成為生命中無法承受的重，使當事人及家人均懊惱不已。**輝煌的學習成果甚至寶貴生命，都可能因情關難過而毀於一旦。**

　　若你目前正煩惱似乎「無解」的愛情問題，快去請教有經驗、有智慧的人。若你不懂得求助，即可能發生下列真實的悲劇：

♥ 殉　情

　　衛生福利部公布國人十大死因，「自殺」是青少年第二位，多與感情有關。如遭劈腿或分手，怕長輩擔心而不敢說，只好自我了

斷。如果當時多想想、多聽聽不同的觀點，明白「愛情不是人生的全部」，就可以活得更好並找到真正的愛情。

實境與解析

「擋不了的愛？國二女偕網友殉情亡」（都會地方中心記者／連線報導，2014）：

台南市某國中二年級張姓女學生，昨天被發現和大她十七歲的徐姓男網友（卅一歲）陳屍台東一家溫泉飯店，警方依據房間內煤炭及張女日記，可能因家人反對而相約燒炭殉情。

張女在網路上認識徐男，導師發現她和男網友交往頻繁時，曾規勸她並請家長注意。家人反對他們交往（徐男打零工、工作不穩定），也曾向徐男提告。為了不讓女兒愈陷愈深，父母還取消了網路。

張女向同學借手機與徐男聯絡，徐男冒充張女的父親打電話向導師請假。等導師警覺到不對勁而通知女生家長時，家人立刻報案也來不及阻止殉情悲劇的發生。

國、高中生殉情事件並不少見，包括跳樓、跳河。多因戀愛遭到家人阻止，以死來證明真愛。2011年4月下旬，台北市某私立高中二年級一對情侶，戀情遭到父母阻止而一起逃家；五天後被帶回家，兩人從女生住家頂樓（十二樓）墜樓殉情。警方從男生手機中，發現一封未送出的簡訊：

對不起，兒子不肖，或許看到這封簡訊的時候，我們已不在了。我們在一起很相愛，過去的兩三天，我們過得很甜蜜，在一起很快樂。

父母說：「我們沒有堅決反對他們交往，可是談戀愛都忘了讀書，成績一落千丈，為人父母該怎麼辦？」這樣的悲劇也提醒父母師長要改變態度，應公開、主動與青少年「談性說愛」，擔任他們的愛情顧問，共同探討婚姻與家庭、安全的性行為。尤其在他們失戀或分手時，更要給予全力的支持與了解。

♥ 情　殺

　　熱戀時誰會想到如何「好聚好散」？誰會料到最愛你的人會展開報復？**不少人缺乏克制或紓解負面情緒以及協調溝通的能力，以致造成無法彌補的遺憾！**孫燕姿所唱〈開始懂了〉，分手時：

　　靜靜看你走，一點都不像我。

　　那是因為徹底了解：

　　愛情是流動的、不由人的，何必激動著要理由？

　　要懂得這個道理，比想像中困難許多！高智商的資優生也未必具有突破愛情困境的高智慧。

實境與解析

「台大畢高材生，愛不到妳殺死妳」（李奕昕、廖炳棋，2014）：

台大畢業、任職會計事務所的張男，因不滿在幼稚園實習的林姓女友要求分手，疑似強拍裸照且威脅散布。逼合不成後，在女友住處附近持水果刀刺死女友（頸、胸、腹四十多刀）後自殘，還對遺體做出猥褻動作，林女的頸部幾乎被砍斷。

張男臉書有一段話：

要我再選擇一次，我希望我們從未相識，這樣妳就不會受到任何我帶給妳的痛苦和負面情緒。都怪我太貪心自私，選了愛人，卻還要求更多，才導致現在的局面。

張男一路讀頂尖名校（建國中學、台大土木系及研究所），但愛情學分卻沒過關。他自認十分疼愛林女，替女友在台北市租屋並付租金，出遊也多由自己埋單（四十萬元積蓄幾乎花光）。為了挽回戀情，還向父母借十萬元帶林女去日本旅遊。

兩人爭吵時，張男失控甩了林女耳光，使女友因畏懼暴力而想分手。張男多次恐嚇，若分手就殺林女。後來張男雖在林女臉書道歉，但林女已關閉臉書，使張男怒不可遏。

張男與林女在網路認識，網路交友的缺點是無法真正觀察對方，等發現彼此差異過大已陷得太深，或對方不肯放手而難以脫身。張男經常暴怒且有肢體暴力，林女想分手又擔心激怒張男，所以還與他到國外度假。但此舉讓張男誤以為還有復合的希望，之後反而更生氣。

張男除了情緒管控的問題外，還有不正確的愛情觀——以金錢來表達愛情。禮物或金錢可以表達愛情的一部分，但應真心誠意、量力而

為、不求回報（沒有其他企圖）。

林女對張男的暴力感到恐懼時，曾否懷疑男友有心理問題而向輔導專業人員求助？張男庭訊時說自己高中起就有暴怒症，是否曾接受輔導或持續治療？

另外，雙方還有不可忽略的差異，如年齡、學歷、生活背景（含家庭與職業）等。張男比林女大七歲，學歷高於林女且已就業（相識時林女還是大學生），這些可能是優點也可能使戀情增添變數。任何較大的差異，都是愛情中不可輕忽的阻礙。不要以為沒有問題，錯失調整或解決差異的良機。

年齡及家庭背景會影響愛情嗎？2011年9月，台中市清水區清晨發生一起情殺案（苗君平，2011），16歲高二女生上學途中遭25歲男友猛刺11刀；男友行兇後自刺心臟、腹部6刀，雙雙不治。

男方母親曾建議他不要與女生來往，除了年齡差距外，兩家的家庭背景也相差太多。女方父母都是高學歷，擔任公職及銀行專員；男方父親是水電工，母親是葬儀社樂手。雖說職業無貴賤，在今日也不應講究所謂「門當戶對」。但雙方成長背景差距較大，生活方式及價值觀顯著不同，戀愛時還是應納入考慮。

❤ 未婚懷孕、性侵

常有新聞報導，高中女生自行產子，嬰兒送醫不治或將嬰兒去棄的事件。甚至有女學生說不知道自己懷孕，下體偶爾出血還以為月事來潮，故從不曾產前檢查。有些家長雖覺察不對勁，但女兒否認也不敢管太多。

有女生在家中廁所生產，媽媽發現廁所堵塞，從馬桶裡吸出「一坨紅紅的人形物及液體」，嚇得報警才知女兒未婚生子。但家

長仍堅稱女兒很乖、一切正常，從沒聽說有男朋友。爸爸每天接送女兒上下學，「不明白怎麼會這樣」。女兒本來微胖，所以從未懷疑過。此事已涉及犯罪，若女嬰出生前死亡，則女生涉及遺棄屍體罪嫌；若明知女嬰仍有呼吸卻用馬桶沖掉，則涉及殺人罪嫌。

另有一名國三女生洗澡時產下女嬰，擔心被父母發現，於是將女嬰塞進馬桶沖掉不成；情急之下將女嬰從住家二樓丟下，致女嬰傷重不治。

在學的女生懷孕，多半跟同學、學長及網友偷嘗禁果，卻沒有適當的避孕措施。刑法妨害性自主罪中有「兩小無猜」特別條款：當未滿十八歲的人與未滿十六歲的人發生性行為，能夠減輕或免除其刑。立法意旨是「對年齡相若的年輕男女，因相戀自願發生性行為情形，若一律以第227條刑罰論處，未免過苛，故一律減輕或免除其刑。」但法律仍賦予法定代理人（通常是父親）有權提告（告訴乃論）並求償，年輕男女皆為保障對象。即便青少年認為是自願相戀，法定代理人還是可以提告。

懷孕後提早結婚、將孩子送養、成為未婚媽媽、休學等，不論做什麼決定，都將會脫離原本的生活軌道，放棄原先設定的人生目標。**就算避孕成功，太早嘗試「性」，容易混淆愛情的真諦，甚至畏懼或厭惡婚姻與家庭。**

更糟的是，有人假借愛情而行約會強暴及性侵之實。衛生福利部保護服務司統計2007年至2014年性侵報案總數為76,317人，其中被網友性侵4,612人（占總數之6%），被男／女朋友性侵13,703人（占總數之18%），被前男／女朋友性侵3,589人（占總數之5%）。約會時為何會強暴或性侵呢？**只要一方認為的親密行為不為另一方所接受，以強迫方式進行即為強暴或性侵。**

　　從性侵害案件被害人的年齡來看（如**表1-1**），「12-18歲未滿」者最多，占全體一半以上。大學階段之「18-24歲未滿」也不少，超過全體的一成。從性別來看，女性被害人約為男性六倍。再以近三年的統計來看，前述問題幾乎沒有改善，甚至有增加的趨勢。

　　我國自民國90年起設立113保護專線，這是家庭暴力、性侵害、兒少保護案件之通報及諮詢專屬窗口。各直轄市、縣（市）政府也設有「性侵害防治中心」，二十四小時電話專線提供諮詢及通報等服務，通報人之身分資料均予保密，且協助被害人緊急安置、法律扶助、心理治療、職業訓練、就業或就學服務等。據衛生福利部統計，民國102年有163,028件諮詢及通報，其中「親密關係暴力」有12,630件（39.85%）。可見，戀愛並非想像的浪漫美妙，潛藏著不少危機；不可輕忽危險的線索，錯失自救的機會。

表1-1　民國101-103年性侵害案件被害人「性別×年齡」之人數及占全年總人數之百分比

時間	性別×年齡	12-18歲未滿	百分比	18-24歲未滿	百分比	各性別×年齡總人數
民國101年	女	5,409	44.8	1,254	10.4	10,308
	男	831	6.9	87	0.7	1,335
	不詳	112	0.9	18	0.1	423
	小計	6,352	52.6	1,359	11.2	12,066
民國102年	女	4,735	44.8	1,144	10.8	9,195
	男	860	8.1	90	0.9	1,329
	不詳	138	1.3	26	0.2	413
	小計	5,733	54.2	1,260	11.9	10,567
民國103年1-6月	女	2,551	44.1	674	11.6	4,788
	男	490	8.5	67	1.1	792
	不詳	78	1.3	15	0.3	211
	小計	3,119	53.9	756	13.0	5,791

Chapter 2

愛情學分與性別教育

第一節　性別平等與愛情的關係

　　出國自助旅遊之前，你會蒐集與評估各方資訊，參考過來人的經驗，以免多走冤枉路、多花寶貴金錢、錯過真正美景。尋找人生伴侶與建立家庭，比起旅遊更需要足夠且正確的資訊。從哪裡可以獲得？在家裡可以與父母直接詢問嗎？在學校可以與老師或同學公開討論嗎？

　　想要或正在談戀愛的你，一定希望走上「情字這條路」時萬一摔倒有人扶一把，有重新學習的機會。增強對愛情獨立判斷與行為控制的能力，不要如〈夢醒時分〉這首歌所唱的：

　　你說你愛了不該愛的人，你的心中滿是傷痕。

　　你說你犯了不該犯的錯，心中滿是悔恨。

　　學校教育和「愛情與婚姻」最相關的是「性別平等教育」（gender equity education）或簡稱「性別教育」。1997年頒布「性侵害犯罪防治法」，明訂中小學課程須實施兩性平等教育相關課程。1998年教育部九年一貫課程暫行綱要，將「兩性教育」列為重大議題，明訂融入各學習領域中，並於2001年訂定課程綱要正式實施。2004年公布「性別平等教育法」，性別平等教育課程綱要（2006年修訂）也隨之將「兩性教育」更名為「性別平等教育」。

　　依「性別平等教育法」第17條：「國民中小學除應將性別平等教育融入課程外，每學期應實施性別平等教育相關課程或活動至少四小時。高級中等學校及專科學校五年制前三年應將性別平等教育融入課程。大專校院應廣開性別研究相關課程。」

❤ 「性別平等教育」的必要性

　　所以，中學時代你可能遇到很好的公民老師或綜合領域的輔導老師，細心及耐心的為你講解性別認同、性別角色、性別歧視、性別取向、性別特質、生物性別、社會性別等性別觀念（其實不容易釐清），為你打下很好的愛情教育基礎。之後踏入「進階班」，**大學可選修愛情心理學、婚姻與家庭、情愛溝通等課程，使你更透徹思索與考察性別觀念，並與「合適的人」相識、相知、相惜到「長相廝守」。**

　　也許你覺得所學不足，你在愛情中仍感到「茫然」，不知道下一步該怎麼走？或覺得「困惑」，不確定「我這樣愛你到底對不對？」或「我倆到底算不算是一對戀人？」看到身邊的同學成雙成對而自己仍「單身」時，很想自我激勵：一個人不算困擾！當愛情超過自己所能掌控時，到底要不要前進或如何分手？如果擔心對方報復或想要報復對方，又該怎麼辦？

　　為什麼要修「性別」或「愛情」等相關課程？對於愛情的進行與自己一輩子幸福真有幫助嗎？**如果能學到如何辨識及避掉恐怖情人、失戀時不陷入被害者或復仇者角色，應該就值回票價吧！**積極來說，更是為了找到了解及尊重你的人，包括為你的孩子選擇最佳父母。這門課的投資報酬率，應該相當划算！

　　「性別平等教育」是什麼？依「性別平等教育法」（民國102年修訂）第2條：「以教育方式教導尊重多元性別差異，消除性別歧視，促進性別地位之實質平等。」「性別平等教育」包括性侵害、性騷擾、性霸凌的防範，以及「性別認同」（個人對自我歸屬性別的自我認知與接受）的認識。

　　「性別平等教育法施行細則」明確列出具體的課程名稱，如第

13條：「性別平等相關課程應內涵包括情感教育、性教育及同志教育。」情感教育是為達到圓滿的愛情；性教育是指性心理與性生理的正確知能；同志教育則是關於同志的性別認同、同性戀及人權等議題的正確態度。

「性侵害犯罪防治法」第7條規定，各級中小學每學年應至少有四小時以上之性侵害防治教育課程，內容包括：

1.兩性性器官構造與功能。

2.安全性行為與自我保護性知識。

3.性別平等之教育。

4.正確性心理之建立。

5.對他人性自由之尊重。

6.性侵害犯罪之認識。

7.性侵害危機之處理。

8.性侵害防範之技巧。

9.其他與性侵害有關之教育。

學校要積極防範校園性侵害、性騷擾或性霸凌，知悉服務學校發生疑似事件者，應於二十四小時內通報（「性平法」第21條）。**偽造、變造、湮滅或隱匿他人所犯校園性侵害事件之證據者，應依法予以解聘或免職**（「性平法」第36條之1）。

更重要的是：學校不得因學生之性別、性別特質、性別認同或性傾向而給予教學、活動、評量、獎懲、福利及服務上之差別待遇。對因性別、性別特質、性別認同或性傾向而處於不利處境之學生，應積極提供協助，以改善其處境（「性平法」第14條）。

❤ 「生物性別」與「社會性別」的差異

性別平等的觀念，從學校到進入職場是一致的。依「性別工作平等法」（民國91年公布，民國100年修正）第7至第11條：雇主對求職者或受僱者之招募、甄試、進用、分發、配置、考績或陞遷、舉辦或提供教育訓練、各項福利、薪資、退休、資遣、離職及解僱等，不得因性別或性傾向而有差別待遇。

學校及職場雖立法不得性別歧視或因性別而有差別待遇，但真實狀況如何？

💬 實境與解析

2011年，台北馬偕醫院工程師周逸人因穿著女裝上班而遭解僱。經台北市府性別工作平等會判定：院方性別歧視，罰五萬元。這是勞工生理性別與心理性別不同，導致僱主有性別歧視行為的全國首例。

35歲的周逸人任職馬偕五年，到職時未透露性傾向且著男裝，但因無法克制想當女人的衝動，開始留長髮。他以個人性向問題求醫，接受精神科醫生建議，改穿女裝上班、使用女廁所。不料，院方發現他男扮女裝進女廁，將他調職，再以「未執行職務、請假及擅離工作崗位」為由，將他解僱。

周逸人向法院訴請僱傭關係存在，並求償獎金及名譽損失。2012年，台北地院認定周男遭解僱理由是曠職，但馬偕未採漸進懲處，逕行解僱違反「勞基法」，判決僱傭關係存在，馬偕還須賠周男一萬六千元獎勵金。

　　法官指出，市府認定馬偕性別歧視，顯示周被調職、解僱確與其男扮女裝有關。法官指周男長時間待在圖書館逃避工作是事實，只不過馬偕無法證明周男行為「致生變故使醫院蒙受重大損害」，也未採漸進式懲處而貿然解僱，因此認定解僱理由雖非性別歧視，仍違反「勞基法」，馬偕須讓周男復職。

　　周逸人表示，被解僱前他的考績都是甲等。性別認同為女性的他，曾試著穿女裝上班被阻止，為了工作只好忍了下來。馬偕為了逼其自動離職，故意不分配工作給他，並以「會引起女同事的困擾」，要求他不可以上女廁，離開座位（包括上廁所）都要報備。為了不讓同事困擾，他自力救濟，隱忍到廁所沒人才進去。

　　他憤慨地表示，馬偕醫院面對他這樣「跨性別」的員工，卻沒有提供友善的性別平等工作環境（適當的如廁空間）。

　　2012年，另一則正向的新聞報導：實踐大學高雄校區服飾設計與經營學系大四男生許傑欽（23歲），天天穿自製裙裝上學（做了上百套裙裝），已連續兩年。父母都支持他追求夢想，系上教授也稱讚他勇於嘗試各種風格。室友則說剛開始有點被嚇到，現在習慣了覺得超酷！許傑欽偶爾遇上機車騎士對他吹口哨或罵他「變態」，但他不在乎別人異樣的眼光，覺得開心做自己就好，也坦承自己愛男生不愛女生。

　　一個人出生時由「生物性別」（biological sex）──染色體、基因、性徵的差異，而區分為「男性」或「女性」。而「性別」（gender）則是指自己及所處社會環境對生物性別的期待，更接近身分認同與氣質，又稱為社會性別、性別氣質。社會性別源自社會化，是社會給予男性和女性建構的非生物特質；由後天的教養學習而呈現出的言行、舉止與面貌，代表對自己或他人所

具有男性化或女性化特質的一種主觀感受，或社會對男性或女性行為舉止的「期待」與「評價」。如：男性要有堅強、勇敢等陽剛氣質（masculinity），女性應該是溫柔、文靜等陰柔氣質（femininity）。

先天的「生物性別」與後天環境形成的「社會性別」，並非截然二分或孰重孰輕。過度強調社會性別，會誤解或混淆生物性別的意義與地位。以為性別角色全都來自後天環境的影響，染色體、基因、性徵的差異沒有作用。性別仍有先天不可改變的部分，男性或女性之性別特質並非全由後天決定。

實境與解析

約翰‧科拉品托（John Colapinto）所著《性別天生——一個性別實驗犧牲者的真實遭遇》一書（戴蘊如譯，2002），描述加拿大一對同卵雙胞胎男嬰，8個月大時在醫院割包皮手術失誤，導致其中一個男嬰布魯斯陰莖被燒焦。他的父母找到美國約翰霍普金斯大學性學專家曼尼（John Money），幫助布魯斯在1歲11個月時進行變性手術而成為女孩，改名布蘭達。曼尼的理論是：性別乃後天決定，與先天性別無關。性器官有缺陷的男嬰經手術變性，以女孩養育，待青春期再補充雌激素及相關手術，即可成功變更性別。

事實不然，雖然家人成功的隱瞞布蘭達過往的性別真相，但從小布蘭達的思想、行為都像個男孩，她喜歡男孩的遊戲與玩具，好以武力來解決爭執。布蘭達內心充滿困惑與沒有歸屬感（自覺不是女孩，也被男孩嘲笑），縱使父母一直強調她是女孩，還是沒法勉強自己有女孩的樣子（包括服裝打扮、說話方式及動作等），在校的成績及行為也大有問

題。尤其，布蘭達對每年例行的回診——到約翰霍普金斯大學與曼尼諮商與身體檢查，以及青春期後即將進行的手術，愈來愈抗拒。

最後，父母終於決定告訴她真相，於是布蘭達在14歲時自行選擇結束女兒身，恢復他本來的性別，改名大衛。16歲時進行陰莖再造手術，23歲時遇到珍，25歲與珍結婚。

由大衛的痛苦經驗可知，胚胎發育時所決定的性別，不是後天可以輕易改變的。戴蒙博士一直質疑曼尼的理論，針對布蘭達這個失敗的案例，戴蒙說，如果結合所有醫學、外科手術以及社會的努力，都無法讓這個小女孩接受女性認同的話。那麼，我們真的必須想一想：「或許每個人生理構造上確實有某些重要的因素存在；我們來到這個世界時並不是中性的，在我們出生時或多或少帶著某種程度的男性化或女性化，這是社會無論使出多少力量都無法超越的。」（戴蘊如譯，2002，頁196-197）

社會過於強調或塑造「男性」、「女性」的性別特質，會逐漸形成男性社會地位高於女性的階層模式，影響後來的社會角色界定（例如職業區隔）、社會／家務工作分工（男主外，女主內）、社會資源分配（財產的分配與繼承）等。許多社會制度有性別歧視現象，受歧視者多為女性；例如許多宗教儀式中，女性不能擔任要職。從小在家裡看到父母如何扮演親職、觀察父母的分工模式，學校教材描繪古今中外的性別分工與性別角色等，不斷「複製」傳統或父母模式的結果，使女性成為最大的弱勢團體（卻不一定有自覺）；而男性也將女性地位較低視為理所當然。

現代社會的性別角色已漸由傳統模式走出，但距離以個人差異而非性別差異為分工基礎，還有很長的道路。「平等」（equity）除了維護人性基本尊嚴外，更謀求公平與良性的社會對待。**性別平等**

教育即希望透過「教育」歷程和方法，使不同性別或性傾向的人，都能站在公平的立足點發展潛能。不因生理、心理、社會及文化等性別因素，而受到限制。

家庭中的性別歧視

　　法律保障女性及弱勢性別者在職場上有公平發揮的機會，但在愛情及婚姻裡，「男主外，女主內」的性別觀念仍有待突破。男女共同分擔家務，才能使女性有時間及心力達成事業目標、追求夢想。尤其有了兒女之後，男女應共同撫育兒女，或不限由父親或母親為兒女的主要照顧者。**不應以照顧小孩是女性天職或母親美德，強迫女性放棄事業與夢想。如此會影響女性生育的意願，也不利於兒女成長。**

　　所以，婚前即應了解對方在「性別與生涯發展」方面的觀點。若不能解脫保守的性別角色特質，認定家庭與事業必然衝突，以為「好女人」就該為家庭犧牲，職場上的女強人是不顧兒女的自私者。如此的性別歧視，將使女性面臨兩難處境。觀察一下你周圍的女性，包括你的母親；她們是寧可放棄婚姻而多花心力在職場上？還是為了家庭而放棄自己進步及升遷的機會？**多少女性能得到配偶的肯定、協助甚至鼓勵，放手經營她們的事業或志業？**

　　依「性別工作平等法」：

1. 雇主不能因為女性結婚、懷孕、分娩或育兒，而要她離職、留職停薪或解僱（第11條）。
2. 兒女三歲前可申請育嬰留職停薪，領有六成薪資的津貼，每一子女最長合計發給六個月。父母同為被保險人者，應分別請領育嬰留職停薪津貼（第16條）。

3. 子女未滿一歲須親自哺乳者，除規定之休息時間外，雇主應每日另給哺乳時間二次，每次以三十分鐘爲度。前項哺乳時間，視爲工作時間（第18條）。

4. 爲撫育未滿三歲子女，得向雇主請求每天減少工作時間一小時或調整工作時間（第19條）。

5. 家庭成員預防接種、發生嚴重之疾病或其他重大事故須親自照顧時，得請家庭照顧假；其請假日數併入事假計算，全年以七日爲限（第20條）。

但實際情況如何？勞動部調查民國102年1月至12月期間「育嬰留職停薪」者結果發現，不同性別回到職場面臨明顯的差別待遇。近20%女性勞工認爲考績受到影響，男性僅有12.3%表示考績受影響；女性覺得工作量變多的比率也較男性高。民國102年內首度申請育嬰留職停薪津貼者女性83.5%，男性爲16.4%。之後女性超過一成沒能返回原工作職位，男性僅有5.3%。未能回到原職位的原因以「原工作職位已有人取代」最多，女性勞工被取代的比率又比男性高。銓敘部公布含民國103年在內前六年公務人員育嬰留職停薪申請情形，女男比爲十比一，比勞工的五比一落差還大。**申請育嬰留職停薪多爲女性，這也是造成公務員「職等越高，女性越少」的其中一項因素。**

不少婦女產後心情鬱悶，因育兒工作大都壓在女性身上。以哺乳來說（尤其半夜起來餵奶），雖然母乳可以擠出來存放，由其他家人或保母餵奶；但大家仍以母親自己哺育較能增進親子關係爲由，要女性獨自承擔。其他還有接送小孩、打預防針、外出時照顧幼童等，幾乎都由女性包辦。**若家中有兩個年齡接近的嬰幼兒，女性不免身心俱疲，甚至可能罹患產後憂鬱症。**

至於「家庭成員預防接種、發生嚴重之疾病或其他重大事故須親自照顧時」，雖然可請家庭照顧假，但是通常由誰申請？**能否不**

因性別因素而公平討論或分配工作？還是女性直接犧牲，被迫請假帶孩子預防接種、辭職回家照顧重大疾病者？

第二節　愛情學分的內涵

根據教育部九年一貫課程綱要，「性別平等教育」具有下列六項課程目標：

1. 了解性別角色發展的多樣化與差異性。
2. 了解自己的成長與發展，並突破性別的限制。
3. 表現積極自我觀念，追求個人的興趣，並發展長處。
4. 消除性別歧視與偏見，尊重社會多元化現象。
5. 主動尋求社會資源及支援系統，建構性別平等之社會。
6. 建構不同性別和諧、尊重、平等的互動模式。

實境與解析

　　一位同志的媽媽分享她的心路歷程：剛開始知道自己的孩子是同志，真是無比震驚與傷心，不知道自己在教養上做錯了什麼。後來一位多年好友的開導才終於釋懷，好友說：「要不是看到你這麼痛苦，我也不想告訴你『我就是同志！』。你想一想，你知道我是同志以後，現在的我和之前的我有什麼不同？同樣的，你的孩子因為你知道他是同志，他就不再貼心、沒有才華嗎？而且，最終你不是希望他快樂嗎？如果你能接受他，讓他安心的做自己，才能讓他真正快樂。」

性別不平等、性別刻板印象、性別歧視、多元性別、跨性別、家庭暴力、性騷擾等，每一部分的處理都比想像中困難。在這個領域有不少先驅者奮鬥多年，如：台灣性別平等教育協會、婦女新知基金會、台灣同志諮詢熱線協會、台灣女性學學會。不少大學也設相關研究所，如：世新大學性別與傳播研究所、高雄醫學大學性別研究所、高雄師範大學性別教育研究所、樹德科技大學人類性學研究所等。或設有研究中心，如：高雄科技大學性別研究中心、台灣大學人口與性別研究中心、成功大學性別與婦女研究中心、中央大學性／別研究室。

希望專業及非專業能共同的努力與交流，使性別平等相關法規及觀念較快落實。

性別平等教育的概念

我國實施性別平等教育之主要概念及次要概念，如**表2-1**所列。

表2-1　國民中小學「性別平等教育」課程綱要能力指標概念架構表

主題軸	主要概念	次要概念
性別的自我了解	身心發展	身心發展差異
		身體意象
	性別認同	性取向
		多元的性別特質
	生涯發展	不同性別者的成就與貢獻
		職業的性別區隔
性別的人我關係	性別角色	性別角色的刻板化
	性別互動	互動模式
		表現自我

（續）表2-1 國民中小學「性別平等教育」課程綱要能力指標概念架構表

主題軸	主要概念	次要概念
性別的人我關係	性別與情感	情緒管理
		情感的表達與溝通
		情感關係與處理
	性與權力	身體的界限
		性與愛
		性騷擾與性侵害防治
	家庭與婚姻	多元家庭型態
		家庭暴力
	性別與法律	權益與法律救濟
性別的自我突破	資源的運用	資訊、科技與媒體資源的運用
		校園資源的運用
	社會的參與	對公共事務的參與
	社會建構的批判	社會文化中的性別權力關係
		多元文化中的性別關係

資料來源：教育部九年一貫新課綱。

♥ 性別平等教育的能力指標

　　前述「性別平等教育」的三大主題軸，與「愛情」較直接有關的是「性別的自我了解」及「性別的人我關係」。依國小及國中階段劃分，要達到的能力指標如**表2-2**、**表2-3**所列。

表2-2 九年一貫課綱「性平」議題「性別的自我了解」能力指標

主要概念	次要概念	階段	能力指標
身心發展	身心發展差異	國小	認知青春期不同性別者身體的發展與保健
		國中	尊重青春期不同性別者的身心發展與差異
	身體意象	國小	覺知身體意象對身心的影響
		國中	分析媒體所建構的身體意象
性別認同	性取向	國小	認識多元的性取向
		國中	了解自己的性取向
	多元的性別特質	國小	理解性別特質的多元面貌
		國中	接納自己的性別特質
生涯發展	不同性別者的成就與貢獻	國小	欣賞不同性別者的表現、成就與貢獻
		國中	探求不同性別者追求成就的歷程
	職業的性別區隔	國小	了解職業的性別區隔現象
		國中	了解生涯規劃可以突破性別的限制

資料來源：整理自教育部九年一貫課綱。

表2-3 九年一貫課綱「性平」議題「性別的人我關係」能力指標

主要概念	次要概念	階段	能力指標
性別角色	性別角色的刻板化	國小	辨識性別角色的刻板化印象，了解家庭的分工，不應受性別限制
		國中	分析性別平等的分工方式對於個人發展的影響
性別互動	互動模式	國小	學習與不同性別者平等互動
		國中	解析人際互動中的性別偏見與歧視
	表現自我	國小	尊重不同性別者做決定的自主權
		國中	

（續）表2-3　九年一貫課綱「性平」議題「性別的人我關係」能力指標

主要概念	次要概念	階段	能力指標
性別與情感	情緒管理	國小	認識不同性別者處理情緒的方法
		國中	去除性別刻板的情緒表達，促進不同性別和諧相處
	情感的表達與溝通	國小	表達自己的意見和感受不受性別的限制，尊重不同性別者溝通過程中有平等表達的權利
		國中	習得性別間合宜的情感表達方式
	情感關係與處理	國小	辨別不同類型的情感關係
		國中	學習處理與不同性別者的情感關係
性與權力	身體的界限	國小	認識自己的身體隱私權，尊重自己與他人的身體自主權
		國中	善用各種資源與方法，維護自己的身體自主權
	性與愛	國小	釐清性與愛的迷思
		國中	認識安全性行為並保護自己
	性騷擾與性侵害防治	國小	認識性騷擾與性侵害的類型
		國中	探究性騷擾與性侵害相關議題
家庭與婚姻	多元家庭型態	國小	認識多元的家庭型態
		國中	尊重不同文化中的家庭型態
	家庭暴力	國小	認識家庭暴力對身心發展的影響及求助管道
		國中	習得家庭暴力的防治之道

資料來源：整理自教育部九年一貫課綱。

插圖／胡鈞怡

❤ 「愛情學分」與「性別教育」的交集

綜合**表2-2**及**表2-3**的能力指標，「愛情學分」與「性別教育」交集或相輔相成的部分，有下列七則，其學習內涵及主要目標如下：

一、了解及尊重個人的「性別認同」

LGBTI（Lesbians女同志、Gays男同志、Bisexuals雙性戀、Transgender跨性別、Intersex people多元性別認同者）是目前對於非異性戀者的通稱，取代舊有的同性戀者一詞。要協助學生釐清LGBTI，愈了解LGBTI就愈能尊重他們。其實愛情的本質都相同，只因「性取向」不同，才有異性戀、同性戀或雙性戀等類型的區別。

對LGBTI的了解及尊重，不僅針對他人，也包括LGBTI自身的了解與自我尊重。唯有認清及接納自己的狀況，才能坦然、堅定、自由、快樂的活出自己。在愛情與婚姻上爭取該有的權益，擁有幸福的生活與法律保障。

二、建立多元的性別特質觀念

協助學生去除對性別角色單一、固定、僵化的「性別刻板化印象」，尊重性別特質的多元面貌。如此在愛情與婚姻中，才不會因性別而抑制個人潛能的發展（尤其是女性），造成心理壓力和束縛，妨礙身心健康。

戀愛中的情侶，不可受到性別特質的偏見所局限；無論男女都有行動自主權，和表達意見的自由。任何一方都可以主動邀約另一方，任何一方也都有權拒絕他方不合理的要求。

不受刻板化的性別特質影響，對婚姻中的夫妻、親子、婆媳等人際溝通和尊重，都有很大的幫助。唯有真正的性別平等，不委屈或犧牲誰，才能創造幸福美滿的家庭。

三、改變傳統之性與權力的關係

傳統社會的「性」與「愛」常由男性主動、掌控，女性則被動、順服。這種不平權的觀念，造成大多數家暴、性侵害的受害者為女性的悲劇，而男性則常被指責為「負心漢」。

要釐清性別間不平權的性與愛的迷思，要以積極的行動維護自己的身心健康。尊重自己及他人的性自由或身體隱私與自主權，拒絕「不當的性與愛」。這樣才能在戀愛與婚姻中，讓彼此在「性」與「愛」的互動中創造雙贏。讓每個人都有機會與權力，營造有性、有愛的親密關係。

四、拒絕性行為或以安全的性行為保護自己

安全的性行為是指沒有精液、陰道分泌物、血液、唾液與黏膜組織等體液交換的性行為，能有效預防性傳染病、愛滋與未婚懷孕，促進個人生理健康。個體從青春期開始，對性產生好奇與疑惑；同時受到性激素影響，開始有了性的需求與性衝動。這不代表一定要發生性行為，因為個人的性慾與衝動，還是可以自主控制的。

如果身心還沒準備好和對方發生性行為，就必須堅決表達自己的想法，清楚地讓對方了解自己的決定。並肯定的說「不」，以維護與尊重身體自主權。反之，也要尊重對方性行為的自主權，不能遂一己之私而傷害對方。其實，安全的性行為是對雙方的保護；拒絕性行為，對於長期經營感情反而有利。

五、性侵害、性騷擾與性霸凌的防治

任何性行為都必須雙方同意，一方以任何形式強迫另一方，違反她（他）的意願，企圖或實際有任何有關性的行為，包括性交或任何其他強迫性親吻、撫摸或觸碰等猥褻行為，都構成性侵害犯罪，包括約會強暴。

性騷擾是指任何對他人（同性或異性）實施違反其自由意願，而與性或性別有關的行為，例如透過文字、圖畫、聲音、影像、物品等方式；或以歧視、侮辱的言行、有性意味的碰觸等，造成當事人尊嚴受損，或使人心生不舒服、恐懼焦慮、感受到敵意、身心受傷害，或不當影響當事人正常的生活者。

性霸凌是指透過語言、肢體或其他暴力，對於他人之性別特徵、性別特質、性傾向或性別認同進行貶抑、攻擊或威脅之行為，且非屬性騷擾者。

六、家庭暴力的處理

家庭暴力是指對家庭成員實施身體或精神上的不法侵害行為，例如毆打、虐待、口頭侮辱、威脅恐嚇、限制人身自由等。以現今的家暴防治法，與戀愛有關的家庭成員包含現在或曾經同居的戀人，以及現有或曾有親密關係之「未同居伴侶」。親密關係伴侶，指雙方以情感或性行為為基礎，發展親密之社會互動關係。

如果戀愛時一方出現上述暴力行為，你還要自欺欺人的相信「這就是愛」嗎？要繼續「姑息養奸」縱容他／她這樣對待你嗎？

七、情感教育的落實

愛情不能過度夢幻、虛擬或躁進，情感教育應從一般朋友的交往開始，進而愛的告白，再來增進彼此的溝通與心靈交流。要真正建立情感，要對他／她的內在及家庭背景深入了解，正視及化解雙方的歧異與衝突。

萬一衝突無法化解、差異無法拉近，或理性發現彼此不適合繼續走下去時，要學習關係結束之分手處理。接到分手訊息的一方，要學習如何自處或心理調適？一念之差即可能走向「不歸路」，因為「魔鬼藏在細節中」。

我國的性別平等教育課程綱要，原本應在2011年8月1日實施；上路前因有人反對「同志教育」進入中小學教育，導致課綱延宕。除了造成基層教師無所適從，甚至產生對同志教育的誤解；更使同志學生處境艱難，被同學嘲笑及捉弄。除此之外，未婚墮胎人數增加、殉情及情殺案頻傳，都顯見「性教育」及「情感教育」刻不容緩。

Chapter 3

突破愛情的阻礙與盲點

🍒 第一節　愛情的阻礙

「情人眼裡出西施」，不少人自以為找到真命天子／天女，可能只是看到情人的一部分，如外貌、聰明、學歷、才華、家世；以單一標準代替整體，犯了「以偏概全」的錯誤。忽略凡事有得必有失，漂亮的人可能較任性、聰明的人可能較驕傲、有錢的人可能輕視別人……。但熱戀時往往看不到情人的另一面，以致最後「得不償失」、「悔不當初」。

愛情當中有兩大類阻礙，一為「有形障礙」，較容易發現或因外在環境變化所造成，如：父母的反對意見、家世背景、學歷、職業、外貌、年齡、文化（族群不同或異國戀）、遠距離等。

另一為「無形障礙」，是別人善意提醒或自己隱約感到不安者，如：個性與價值觀、溝通能力與生活方式、生涯規劃、政治立場、宗教等。

有人樂觀的以為，只要愛得夠深以及包容，就足以克服一切障礙。但如果花了許多時間設法調和差異與衝突，仍不成功，怎麼辦？能努力到這一地步算是好事，至少沒有欺騙自己或忽視困難；而且克服的過程中，一定會有成長與收穫。

如果障礙如同一堵高牆，難以翻越，還要強求、苦戀嗎？是否該理性的放棄，將時間、心力轉移為尋找真正適合自己的人？

每個人喜歡的顏色、食物、穿著、生活方式、休閒活動不同，最好各取所需而非委曲求全。否則不管東西多好吃，還是不想吃。愛情比起吃東西、穿衣服或住房子複雜多了，若不慎重選擇，勢必後患無窮！

♥ 有形的障礙

一、父母的反對意見

父母反對子女與某人交往的原因，除了覺得兒女年齡還小或雙方都太年輕，不贊成過於投入外（日後的變化還大）。通常還因雙方的工作不穩定，甚至前途堪憂。因性別刻板印象，認為男性應有不錯的工作與收入，才能使妻兒生活有保障。即使女性有能力養家，男性也願意操持家務、照顧孩子，仍覺得「女強人／家庭主夫」不是理想的婚姻組合。

這是上一代「性別不平等」觀念下的產物，你的爺爺奶奶那一輩這麼想，你的爸爸媽媽也繼續複製。若你們還傳承下去，婚姻中的性別平等將永難實現。不論哪種性別都該養家及育兒，也同樣擁有追求事業成就的權利。只要相互尊重與配合，就是幸福的婚姻。這部分應由自己決定，不必完全順從父母，否則婚姻不幸福時，該誰負責？

若覺得父母的反對沒有道理，就該耐心與父母溝通。「路遙知馬力，日久見人心」，終能證明自己的想法是對的。不要操之過急，這段過程也是感情的考驗。要協調出都能接受的處理方式，以免影響日後的姻親關係（如婆媳、翁婿、姑嫂、雙方親家）。年輕一代因「愛情至上」而輕忽父母的反對，於是與父母對立、一意孤行。但其實，**「貧賤夫妻百事哀」，父母的人生智慧還是可以參考的。戀愛時也許覺得「麵包」不重要，但考慮要不要結婚時，雙方的工作與收入仍是重點。**

二、年齡

　　大多人認為理想的婚姻應「男大於女」（約三歲），這是傳統上「男尊女卑」或「男性保護女性」的性別觀念。但如果成熟度足夠或彼此溝通良好，年齡相同或「女大於男」也不成問題。「姊弟戀」知名的例子不少，如曾任台南縣長的蘇煥智，妻子郭椿華大他八歲。蘇煥智說：「太太每天為我準備愛心早餐，幫我跑行程，她很照顧我。」其他還有：陶晶瑩大李李仁五歲、狄鶯大孫鵬三歲。

　　若年齡差異過大，夫妻或情侶要如何相處？2008年，58歲的郭台銘娶34歲的曾馨瑩，兩人相差二十四歲，已育三名子女。2004年，82歲的楊振寧娶28歲的翁帆，兩人相差五十四歲，已結褵超過十年。知名作詞人57歲的李坤城，愛上好友讀高中的女兒林靖恩，兩人相差四十歲，外界雖不看好，但他們相信緣分天註定。

實境與解析

　　1995年，汕頭大學舉行海外華人物理學會大會，英文系大一新生翁帆擔任華人首位諾貝爾獎得主楊振寧（1957年獲物理獎）和太太杜緻禮的接待嚮導。夫婦倆對翁帆印象都很好，之後偶有聯絡，後來翁帆曾結婚再離婚。

　　2003年，楊振寧從美國返回北京，一年後，82歲的楊振寧娶了28歲的翁帆，雙方親友對他們均給予祝福。翁帆的父親翁雲光說：「翁帆不顧慮年齡上的差異，選擇作為楊教授的伴侶，照顧他的晚年生活，協助他的工作，是一種美德，就算作出一些犧牲也是光榮的。」楊振寧

之弟楊振漢表示：「翁帆這麼年輕，願意照顧我哥哥，我就覺得她很懂事！」

一般人認為，54歲的差距應該有代溝，楊振寧說：「我和翁帆的經歷完全不一樣，年齡差那麼多，當然有代溝，而且不是一兩層。可是，代溝對於我們卻形成了正面影響，使我們對於不同時代、文化傳統多了一些認識，增加兩人的視野。」

十年過去了，楊振寧已九十多歲了，除了聽力不太好，需要常年配戴助聽器外，其餘身體指標都很正常。不少人寫文章影射楊振寧翁帆「老少配」，楊振寧翁帆聯名撰文高調反駁：「我們沒有孤獨只有快樂」。

三、外貌

有人抱怨找不到男／女朋友，其實是因自己太重視外貌所致。外貌條件較佳者，也容易將戀愛對象鎖定在外型姣好／俊帥者身上。但外貌真是吸引別人追求或能否匹配的重要條件嗎？泰國電影《初戀那件小事》，講述一個外表不起眼女生的愛情故事。她愛上校園帥哥，於是積極改善外貌，等變美麗了才敢向學長告白。無奈，學長已答應與學姐交往了。其實，學長早注意到這個可愛的學妹，她實在沒必要以「外型」作為戀愛的關鍵，錯過交往的時機。幸好電影安排兩人多年後重逢，才擁有快樂的結局。**身心成熟後，兩人互相欣賞的就不再只是外貌了！**

實境與解析

　　莎莎是個非常甜美的女孩，身邊總不乏追求者。她也以此自豪，知道自己絕不孤獨，永遠有人搶著跟她作伴。

　　小靜也是個標準美女，男友是年輕醫師，兩人的家世背景相當，沒有人懷疑他們不匹配。

　　大家搶著要的美女，就表示幸福嗎？與莎莎交往時，阿成覺得自己很「幸運」！但幸運等於幸福嗎？其實莎莎的情路並不順遂，雖然失戀後很快會有新戀人，但戀情的數量也與煩惱成正比。莎莎並不因為有人愛她而快樂，反而常因自己沒那麼愛對方而愧疚，或疑惑這一次是否為真愛。果然不久莎莎就與阿成分手了，兩人都很難過。莎莎擔心傷害阿成太深，因為是她先提分手的。阿成很痛苦、很想挽回，但理智面告訴他兩人不適合。感性的那一面則想不通：「難道我還不夠愛莎莎嗎？她要求的任何事我都努力做啦！為何她還是要離開我？」

　　小靜雖有個優秀的醫師男友，但有時也不確定自己是不是幸福；彷彿美女嫁醫師是最佳組合，況且她本身的學歷及家世也不差。男友大她五歲，雙方家庭是舊識；她讀大學後，兩家就很有默契地以親家姿態互動了。小靜一直崇拜這個會讀書的大哥哥，不可否認她能讀到現在這所名校，也是希望他能注意到小靜。而今她的美夢成真了，每晚他們都會互通電話，但不能講太久。這個禮拜天，他終於可以帶她出去走走了。她知道他很忙，她的生活向來都配合他，這就是幸福吧！不該太貪心了。

《情人眼裡出西施》這部美國電影，男主角找女友的條件與一般人相同，一樣的「以貌取人」。在一次被催眠師「反催眠」之後，他的認知方式改變了，竟能將外表肥胖但內在美好的女孩「看成」天仙，而且愛上對方。後來他再度被「催眠」回原本的美醜標準，就極力逃避這肥胖的女友。導演拍攝這部電影的用意是希望大家擺脫以「外表」為擇偶條件的偏見，所以男主角最終領悟到「美好內在」的價值，仍決定選擇胖女友作為妻子。

四、學歷與收入

　　傳統上良好婚姻的條件是「男高女低」，如：學歷、收入、身高、年齡；這種「向上婚配」稱為「婚姻斜坡」現象。近年來女性教育程度大幅提升，男女學歷相同或「女高男低」也成為婚姻中的現況。這當中有沒有問題？女性教育程度提高後，從職場獲得的成就感相對也高；她希望擁有更精緻的婚姻關係，婚後仍能持續成長與自我實現。她無法接受不肯做家事，以及不想積極進取的男性。現代女性認為「新好男人」是既能打拚事業又能協助家事，否則寧願不結婚。2004年，國科會研究「台灣結婚率與婚姻配對模式之變遷」（楊靜利、李大正、陳寬政），不結婚的比率中，四十歲以上的女性碩、博士比率上升到16.24%，同年齡的碩博士男性只有5%。

　　有些男性很難接受自己矮妻子一截，怕女性的學歷比他好，會成天跟他說教；更怕女性成就高於自己，就不再順從、不能兼顧家庭。**有時女性也會驚訝男性的雙重標準：不認為自己要兼顧家庭，卻認為女性應將家庭照顧好，讓男性沒有後顧之憂。**認為女性拚事業前，要先想想會否犧牲掉家庭？孩子疏於管教以致變壞了，由誰負責？認為女性若不能將家庭及兒女照顧好，再大的成就都不值得！

其實不管誰的學歷比較高，重要的仍是好好扮演妻子或丈夫的角色。歌手伍佰的妻子陳文佩是他的經紀人，比伍佰大五歲，學歷也比較高。妻子是碩士，伍佰僅高中肄業（就讀嘉義高中三年級時因病休學）。但伍佰深情告白：「我的生命因她而變得完整。」

五、家世背景

家世背景差異過大，就有必要想想：「眞的可以克服嗎？」再決定是否繼續交往。「遷就」只是暫時，能否找出的共通生活方式，才是「長治久安」的關鍵。

萬一碰到注重門當戶對的家庭，或雙方的成長環境顯著不同，對方有意無意的露出嫌棄與看輕的姿態，你也覺得自己與對方家庭格格不入時，這樣的障礙要如何突破？

其實，教養方式應重於家世背景，貧窮人家的孩子可能墮落也可能爭氣，富家子弟可能嬌生慣養也可能樸實勤奮；**他／她與家人的關係，以及他／她的家庭教育，才是真正關鍵。**

若家人擔心你們之間家世背景的落差時，則要安排對方多與自己的家人互動，使家人認識他／她其他的優點，化解家人的偏見與疑慮。相對的，若你知道對方的家人似乎看輕你的家世背景時，也別因自尊受傷而拒絕與對方家人的互動。反而需要加強互動，表現你的家庭教養。但是「過猶不及」，與對方家人的互動要適可而止，過於缺乏或過於頻繁一樣不妙。

六、遠距離戀情

如果要到「較遠的地方」（外國、中國大陸）求學或工作，而且時間較長（超過半年），就要跟所愛的人溝通，如何有效維持情感。遠距離戀情是一個雙方信任程度與情感深度的考驗，非要朝

夕相處，無法常常見面就覺得痛苦不堪、孤單難耐，也許就是依賴需求過強，或占有式的戀情。**如果服兵役或只兩、三個月到外地工作，都要擔心的話。你們之間的問題，應不只是「遠距離」。**

不論距離遠近，愛人之間本應有適當的距離或個人空間。不必像「連體嬰」般隨時同進同出，或沒有他／她就無法正常過日子。愛要「細水長流」，使彼此都能獨立生活。愛情並非生活的全部，如果要對方為你犧牲其他的生活面向，這樣「不正常的」感情能維持多久？

還有一種情況是你到外地求學、遊學、工作、實習等，而認識了某個人，一段時間之後你們勢必分開，你會讓自己墜入情網嗎？如果感情超越一切，就得先有遠距離戀愛的準備。雖然今日電腦科技那麼發達，也不是每個人都能透過電腦達到良好的溝通。為什麼他／她不回覆訊息？為什麼他／她要傳送這個訊息？他／她在做什麼、跟誰在一起？為什麼他／她的口吻怪怪的？這樣的「猜心」遊戲，就可能讓雙方非常疲憊！

♥ 無形的障礙

無形的障礙其實更難處理，它不明確卻更深層；讓人無法忽略又難以捉摸，不能視而不見或掉以輕心。

一、個性與價值觀

個性或可稱為人格特質，是一個人整體的精神面貌或固定傾向的心理特徵。包括能力、氣質、性格、情感、動機、態度、價值觀、行為習慣等，具有獨特性及穩定性。除非重大事件發生，否則不可能有較大甚至澈底的改變。

家庭對個性影響頗大，例如父母過於溺愛，會養成任性、嬌氣、執拗等不良性格。若家庭民主和睦，則易形成獨立、堅強、樂觀、助人、有創造力等性格。個性差異過大的情侶，終究難以產生心靈的默契。

　　所謂「江山易改，本性難移」，有人冷靜、理智、有條有理，有人衝動、情緒化、缺乏邏輯。有人重計畫、有人隨興，有人性急、有人慢半拍。**這樣的「南轅北轍」，就容易造成「相愛容易相處難」的困境。**

　　價值觀是個人區別好壞及重要程度的心理傾向，人們對各種事物如學習、勞動、享受、貢獻、成就等輕重和好壞的排序，構成了個人的價值體系。價值觀從出生開始，在家庭和社會的影響下逐漸形成。價值觀一旦形成，便是相對穩定、持久。價值觀會決定人的自我認識，直接影響一個人的理想、信念、生活目標和追求方向的性質。

　　價值觀很抽象，卻又能實際的影響個人的態度與行為；例如對於金錢與物質的重視程度，若一方覺得非常重要，另一方卻毫不在意，溝通上應該會「話不投機半句多」。**情侶之間可能為了討好對方而遷就（壓抑），甚至改變自己（或偽裝）；這樣做並不明智且不長久。**

二、溝通能力與生活方式

　　溝通是否順暢，熱戀時大都不會察覺；因為總有一方「樂於」配合對方，而違背自己真正的意思。等到成為穩定的伴侶後，溝通問題就會逐漸浮現。例如，有人習慣壓抑自己的想法或生悶氣，有人喜歡有話直說、毫不隱瞞。這兩者都是極端、會傷害對方，需要若干讓步或修正。這得靠互動與交談等基本溝通行動來促成，也就

是愛情三元素之「心靈親密」不可或缺的緣故。如果溝通不良或不足，累積的埋怨或疏離將使感情一點一滴磨損。若不及時處理，終有一天會感覺不再相愛。

　　生活方式亦然，約會時的生活與真實過日子必有差異；所以最好多參與對方的活動，多認識他的朋友，才可能看到他真實的面目。**不要急於斷言你已經很了解他或說你們彼此很適合，這可能是盲目的投入。**

三、生涯規劃

　　若彼此的生涯規劃或人生目標不同，會構成愛情的障礙嗎？如果一方很積極、對未來有許多計畫，另一方卻嫌讀書或工作壓力太大，兩人是否還該繼續走下去？

　　在追求性別平等、打破性別刻板印象的時代，現代男女不再固定「男主外，女主內」了；若女性希望有更多發揮空間，而男性不再野心勃勃、願意多分擔家務，讓女性沒有後顧之憂，這樣的組合是否也不錯？這之間會否有衝突？

　　以大學階段來說，大三以後即面臨生涯抉擇，之後可能要忙於實現夢想。**相愛的人一定要坦誠分享彼此的目標與計畫，看看如何互相激勵、相輔相成；而不是互相牽制，甚至強迫對方放棄理想，作為感情得以維繫的要脅。**

　　其他如政治立場或宗教信仰等差異，仍是影響愛情的變數之一；即使不是最重要的，也可能成為爭吵或分手的藉口。

插圖／胡鈞怡

🚩 第二節　愛情的盲點

　　盲點或視覺死角是指自己看不到卻實際存在，甚至可能影響深遠。有兩種方式可以看到盲點，一是運用工具，如開車時正確使用後照鏡或倒車雷達及影像，才可能安全駕駛。不論駕駛技術再好或多麼膽識過人，都不可以「盲目駕駛」。另一是接受別人的提醒，改變自己看事情的角度。再以開車來說，酒後開車是危險駕駛；沒有嚴格酒測及重罰以前，不少人以酒量自豪：「我沒醉！我沒醉！請你不必同情我。」酒測之後才發現，自己喝醉的程度比想像中超標很多。總以為別人出車禍是技術不好，自己絕不會發生那種悲劇。「不見棺材不掉淚」的結果，愛情路上「酒駕」一樣車毀人亡。

　　下列愛情就有些類似「酒駕」，存在不少盲點。

❤ 網路戀情

　　不少網路戀人擅長文字溝通，見面卻覺得陌生。網路戀情的不安全，正因網友見面或交往後，發現與網路互動的感覺不同。網路可作為快速傳遞訊息的好工具，這個訊息包括消息、正在發生的事件（包含照片及影片）、簡短的鼓勵或安慰。但這種訊息片片段段，溝通也屬單向。網路可作為人際互動的方式之一，但千萬不可變成唯一或主要。真正的溝通需要更多技巧，如：分享、傾聽、同理心、非語言行為、解釋、澄清、說服、商量、請教、分析、激勵……。要了解一個人，絕不可偷懶，更何況是愛上一個人。戀愛還是透過「真實的溝通」──察言觀色，得到的訊息較為可靠。

另外，網路戀情的盲點是：忘了「保持距離，以策安全」，因而遭到詐騙甚至性侵。

♥ 近水樓台的戀情

班級、社團或職場（打工場合）因一見鍾情或朝夕相處而相戀，開始時都頗令人羨慕。但也因距離太近、進展太快、黏得太緊，而有不少盲點。班對、社團及辦公室戀情有時不被鼓勵，就是因為感情發生變化時會影響團隊士氣與工作成效。

這類戀情多半是「近水樓台先得月」、「日久生情」、「英雄崇拜」，不免有「月暈效應」。尤其剛進大學時，因為認識的人不多，難免誇大了帥哥、美女及學長、社長的魅力；以為得到對方的青睞，是莫大的榮耀與勝利。加上認為讀大學就應該談戀愛或怕孤單的心理，都讓你盲目愛上自己的幻想。等你的生活更充實、視野更寬廣之後，就不會這麼輕易「迷戀」某些人了。

♥ 師生戀

若你愛上老師或是老師愛上你，不僅要考慮別人的眼光，還涉及教師專業倫理。需要闖過的關卡很多，如果他是你的高中老師，即使你年滿16歲（女）或17歲（男），仍不能婚姻自主；而且，你的父母會同意嗎？作家瓊瑤的作品《窗外》，描述中學生江雁容愛上中年的國文教師，最後仍是悲劇（當年拍攝的電影被禁）。松嶋菜菜子主演的《魔女之條件》，年輕的女老師愛上小她七歲的高中學生，也遭到家長強烈的反對。

2011年，教育部發文「建請轉知貴屬學校將刑法第227條有關對未滿14歲及14歲以上、未滿16歲之男女性交、猥褻罪規定，優先納

入學校教師聘約，以提醒教師避免觸法」。文中雖未禁止師生戀，但新修定「校園性侵害性騷擾或性霸凌防治準則」第7條規定，「教師於執行教學、指導、訓練、評鑑、管理、輔導或提供學生工作機會時，在與性或性別有關之人際互動上，不得發展有違專業倫理之關係。」

許多校園性侵通報老師性侵學生的個案，老師動輒以師生戀為藉口，事實上都是權力關係運作的結果。台中市某國中張姓男老師和女學生相戀且發生性關係，女方家長提告，男師被依妨害性自主罪起訴。事情曝光後，男師選擇自縊身亡。若老師已婚，學生也可能因妨礙婚姻關係而被控通姦罪。

如果愛上的是你的大學老師，你已年滿20，可以婚姻自主，你的父母一定會祝福你們嗎？若干大學在「教師專業倫理守則」明訂「教師應該避免與學生建立不當的親密關係」。全國教師會依教師法訂定全國教師自律公約，也規範「為維持校園師生倫理，教師與其學校學生不應發展違反倫理之情感愛戀關係。」大專以上發生師生戀，教育部認為該名學生必須停止選修這門課，避免影響整班其他學生的受教權。如果雙方正進行碩博士論文，則必須停止指導關係。

❤ 與人共享的戀情

如果自己或對方還有未處理完的戀情，此時就不適合再有新戀情。因為沒有「好的開始」，所建立的感情地基即不穩固。如果對方剛分手，此時你可能是「趁虛而入」或只是他／她填補空虛的備份。結果，他／她可能仍與舊愛藕斷絲連或舊情難忘，甚至重回舊愛懷抱。或者一段時間之後，當他／她心情較平復時，「冷靜的」跟你說「謝謝你」、「對不起」，因為他／她沒有真正愛上你。

另一種與人共享的感情是所謂「劈腿」或「腳踏兩條船」，不論他／她怕不怕你發現，若跟你說「仍然愛你」、「可以兼顧」，面對這麼「多情」的人，你要如何自處與做決定？是從另一個人的手裡搶回來？或自我催眠自己是他／她的「最愛」？還是很寬宏大量的（其實是忐忑不安的）等待對方做選擇？

 第三節　突破愛情障礙的力量與技巧

愛情的可貴在於經歷過考驗，「梅花香自苦寒來」。所以遇到愛情阻礙，自己以及他／她的態度與行動，才是關鍵、重點。若拿阻礙當藉口而尋求你的諒解，那麼早點分手才是明智之舉。到底要如何突破愛情障礙？看看下列代表性的例子。

❤ 父母反對

 **實境與解析**

我有個帥氣又樸實的男學生，說再一年他和女友大學畢業後要一起私奔！因為，他的爸媽覺得女孩的家世背景不佳，堅決反對他們交往。

他們是高中同學，剛在一起時，他的媽媽就透過「管道」把女孩的家庭背景查得一清二楚，並鄭重警告不要再和女孩來往。原來，女孩的母親是原住民、父親正入獄服刑，他的媽媽不能接受這樣的家庭。

男孩的父母都是公務人員，但這就代表比較高尚嗎？男孩很不服

氣！試圖與父母溝通，他們只是更生氣、態度更強硬。最後男孩只好陽奉陰違，表面上不再提起女友，實際上與女友的感情卻愈來愈好，並決定互許終身。

身為老師的我還真難為，要他孝順父母、不傷父母的心？還是勇敢追求自己的真愛？他們已有六年的感情，男孩愈來愈覺得女友是個好女孩，認為父母對家世背景的觀念是錯誤的。但即使依法可以婚姻自主，未得到父母祝福的婚姻，在人倫上仍不免遺憾。如果因此毀了親情，他還該與女孩私奔嗎？

於是，我跟男孩分享布農文教基金會創辦人白光勝牧師的故事。1954年出生、年過60的白牧師，年輕時就讀基督書院，與小他三屆的學妹李麗雪（基隆平地人）相愛。但學妹的家人極力反對（誰會同意女兒嫁給又窮又殘障的原住民），白光勝多次到李麗雪家中拜訪，都被她的父母拒絕。學妹於畢業後與白光勝結婚，一起回到白光勝的老家——台東縣延平鄉為原住民服務。結婚時，女方在基隆的家不宴客，娘家只有母親一人前來台東觀禮，白牧師送給岳父的喜餅也被退回。

一年後，岳父母才終於接納了他；五年後，白牧師以決心與行動力證明自己是個值得託付的人，岳父還買車子、冰箱送給他。如今白牧師夫婦有六個孩子，長子就叫做「白布農」，已經大學畢業了。布農文教基金會在白牧師夫婦的努力下，已是有口皆碑、遠近馳名。

我希望男孩能效法白牧師的精神與做法，即使自己的父母反對，還是要帶女孩去見父母。畢業後可先就業，等彼此都有經濟基礎也經過感情的考驗後，父母終會被「說服」而接納女孩的。

若完全不理會父母的意見而私奔，即使婚姻再幸福、妻子再賢慧，仍然不圓滿。因為你犧牲了親情來換取愛情，也誤解了父母對你的關愛。甚至你的父母一輩子都會遷怒你的妻子，認為是她奪走了自己的兒子。

❤ 身心障礙

　　若有先天或後天身心障礙，就表示無法擁有美好的愛情嗎？當然不是，除了白光勝牧師之外，劉銘帶領的「混障綜藝團」也有不少殘障團員擁有幸福的婚姻，例如擅長歌舞的重度小兒麻痺症患者劉麗紅，她是「全國十大傑出青年」暨「金手獎」、2010全球熱愛生命獎章、「廣播金音獎公益性主持人獎」等多項大獎得主，擔任佳音電台節目導播暨製作及主持人。她與先生都是肢體殘障，他們育有兩個兒子，一家幸福無比。

實境與解析

　　報載（葉臻，2015），脊髓損傷的新婚夫妻楊雲豪、方羚，因為遺憾肢體不便未拍婚紗，決定突破身體障礙環島旅行，在沿途知名景點拍婚紗。32歲的楊雲豪與29歲方羚，以特製半電動輪椅單車代步，展開為期二十五天的環島之旅。方羚愛唱歌，一路上自彈自唱，以街頭藝人方式籌措旅費。

　　楊雲豪三年前出車禍致下半身不遂，一度封閉自己，到脊損中心復健時結識在中心擔任電腦老師的方羚。五年前，方羚在台東海端鄉公

所擔任就業服務員，出差時摔下樓梯而下半身癱瘓。遇到楊雲豪，方羚說：「交往二個月，我就知道他是對的人。」結婚日也是方羚的脊傷紀念日，她希望讓美好回憶代替悲傷記憶。

楊雲豪說，認識方羚讓他每天過得很幸福。方羚是樂觀開朗的布農族女孩，熱愛唱歌和吉他，用細心、幽默與愛改變了他，讓他決定振作。現在楊雲豪已能藉由輔助稍微站立，甚至成為生命講師，與學校、機關分享他「站起來」的奮鬥故事。

♥ 師生戀

師生戀也是一種戀情，但要如何修成正果？愛情絕不只是「海枯石爛，此情不渝」的誓言，而是「事實勝於雄辯」的行動。

♥♥ 實境與解析

2007年9月，國立台中護專講師謝昌達與小他二十歲的學生張佑嘉，苦戀六年多，終於開花結果。女方家人原本認為老夫少妻婚姻難幸福而強烈反對，但兩人堅守愛情終於感動家人。

謝昌達的父母對45歲的長子終於結婚，非常開心。謝昌達大學畢業後到台中護校（民國89年改制專科）任教，再到美國伊利諾州昆西大學攻讀企管碩士，學成後再回台中護校執教，並擔任社團指導老師。1998年，考上台中護校的張佑嘉，高二時被選為班聯會幹部，與謝昌達常有

接觸，辦活動遭遇困難時第一個想到找謝老師幫忙。

張佑嘉畢業後，第一名考上國立台北護理學院；仍常與謝昌達聯繫，遇上學業或生活上的問題就找他商量。慢慢地，兩人產生情愫。

張佑嘉的家人原本十分反對，但張佑嘉的弟弟發生車禍，張家求助無門時，謝昌達主動居間協調，順利化解紛爭，並獲得賠償。這才讓未來的岳父母改變態度，開始接納謝昌達，終於放心將女兒交給他。

2015年，衛福部公布「十大勵志療癒歌曲票選」結果，已故帽子歌后鳳飛飛的〈祝你幸福〉，以12,261票拔得頭籌（第二名為抗癌鬥士黃士祐演唱的〈心內有數〉，第三名為當紅天團蘇打綠的抒情歌〈十年一刻〉）。希望大家以〈祝你幸福〉（作詞／林煌坤，作曲／林家慶）的勉勵來突破障礙：

人生的旅途有甘有苦，要有堅強意志，
發揮你的智慧，留下你的汗珠，創造你的幸福。

Chapter 4

性別刻板印象與性別平等

第一節 性別角色的刻板化印象與變遷

性別角色的刻板化印象簡稱「性別刻板印象」（Gender Role Stereotype），也稱性別偏見。是人們對於男性或女性角色特徵的固有印象，或對性別角色的期望和看法。傳統上認為的性別角色，男性是強壯、勇敢、獨立、追求成就、富於競爭性等「陽剛」形象，女性則是嬌弱、順從、依賴、溫柔、整潔等「陰柔」表現。**不同性別該具備何種性別特質的刻板印象，會抑制一個人的潛能發展，造成心理壓力和束縛。對於人際之間的溝通和尊重，也有很大的負面影響。**

「性別社會化」最早來自家庭，特別是父母。父母將成人世界的性別規則傳遞給兒童，塑造不同性別的子女，使其行為符合社會規範。性別刻板印象不見得是生理性別的遺傳，不少是社會文化環境的的期望，久之即牢不可破。

社會價值體系對於性別的僵化觀念，會影響婚姻品質、子女教養與工作表現。尤其是對女性，在職場上會受到較大的限制與歧視；為了生兒育女，常須放棄就業與升遷的機會。

♥ 我國傳統之性別刻板印象與影響

以我國的國情而言，傳統之性別刻板印象如**表4-1**所示。

表4-1 我國傳統之性別刻板印象

性別刻板印象	男性	女性
外在形象	有男子氣概	有女人味
家庭責任	男主外,志在四方	女主內,相夫教子
情緒表達	男兒有淚不輕彈,要剛強、理性、冷靜,不應公開表達情感	女性是柔和、感性、情緒化的,可公開表達情感
家庭地位	居主導地位	順從,隸屬夫家
愛的表白	要主動向對方表達愛意	不應主動追求男生或太直接的示愛
生活重心	全心全意發展事業,可因工作需要而將家庭放在次要地位	應以家庭為主,應為了家庭而犧牲自己的事業

　　性別刻板印象如何影響愛情與婚姻?「有女人味」這個刻板印象,即可能左右女性對身材、妝扮、動作、行為、性格的表現。尤其是身材與妝扮,不少女性以為男性很在意外表,所以花很多心思在減重、化妝、穿著;甚至以為這就是男性愛你或不愛你的主要原因,也是有否自信的關鍵。同樣的,「男子氣概」也會困擾男性,讓他們誤以為得不到女性青睞,是因為自己沒有六塊腹肌、不夠魁梧、不夠俊俏。

♥ 突破性別刻板印象的途徑

　　如果你不同意某些性別刻板印象,想要怎麼突破?某些女性不認同性別刻板印象,所以選擇「不結婚」。還是有不少女性為了顧全大局或所謂「識大體」,被迫放棄工作!

 **實境與解析**

作家成英姝及前立委蕭美琴接受專訪「不結婚的理由」時（《聯合報》，2008/6/23，A6版），蕭美琴說：

> 政治男性有太太當分身跑行程，從政女性卻少有丈夫幫忙。……婚姻對從政男性是加分，對女性並不是。……如果我結了婚，我真敢讓我的另一半放棄工作，成全我的政治事業嗎？我想我沒有辦法教人這樣為我犧牲！如果真的摸著良心愛對方，會捨不得要人這樣做。

女性從政，鮮有丈夫來幫忙。但男性從政時，女性的選擇似乎不多。成英姝以馬總統夫人周美青為例：

> 周美青是通曉大義的女人，工作與免得落人口實之間，她選擇後者；可她可以兩者兼顧啊，那就是跟馬英九離婚！……放棄工作可不可惜？可惜！周美青是有才幹的，其他的女人也許樂在其中，但她不是。

多年來指導別人處理婚姻問題的王瑞琪，因為自己離婚而寫了《終於學會愛自己——一位婚姻專家的離婚手記》一書。她發現婚姻失敗的原因，在於自己太遵從傳統觀念的性別規則：男人是強壯、獨立、完整存在的，女人則是屏弱、依賴、依附男人而存在的。她說（頁152）：

> 一場婚變，使我嘗盡了「不夠獨立」的苦頭，我終於知道，過去的我，真的錯了！沒有人應該完全依賴另一個人，也沒有一個人應該這樣被別人依賴。

傳統的性別觀念使女性樣樣都要「低於」男性，舉凡年齡、學歷、成就……。膽敢跟男性競爭，甚至表現得比男性好，就是侵犯了男性的權威與尊嚴。王瑞琪因此受盡折磨，她說（頁142）：

假如我早一點明白「夫妻之間也免不了會有競爭」，那麼我一定會更小心處理「可能會傷他自尊」的言行。我當然不會放棄追求自己的成就與自我實現，但我想我會做得更迂迴些，更技巧一點。

美國在90年代以後，因為女人改變了，每件事也跟著改變；致使男人不得不面對新變局。加州大學心理學教授摩特‧雪維茲（Morton H. Shaevitz）著《跳出兩性拔河的陷阱》（1993）一書提到，二十五年前的男人回家的主要關鍵，是妻子服侍時的摯愛與專注、家庭與情感上的需求，以及性的本能。二十五年後，「新女性」卻有了不同的想法與做法（詳參頁17-21）：

1.對時間運用的方式：女性外出工作後，開始重新安排生活的次序。家庭不再首要，家務及教養子女可拿到檯面討論。現代女性自給自足，婚姻變得不再絕對需要（所謂長期飯票）。她們甚至把工作帶回家，為了自主而情願離婚。

2.對自己的感覺與想法：妻子與母親的角色，對於現代女性仍然很重要，卻不是唯一的身分證明。她們解除了從前認為「女人應該如何如何」的種種限制，充滿信心與活力的做自己想做的事。

3.對親密關係的期許：現代女性想要的親密關係屬於夥伴性質，希望共同分享權力、財物、責任、家務、教養子女、維繫情感。

♥ 我國女性兼顧家庭與事業的艱辛

我國女性的狀況如何？還在蠟燭兩頭燒、努力兼顧家庭與事業，卻一直擔心角色扮演不夠好嗎？**女性的為難在於：投入工作就可能疏忽家人，想完成人生目標就得先安撫家人。**

兒福聯盟發表「台灣地區幼兒媽媽托育現況調查報告」（2008），媽媽最辛苦的是寶寶晚上吵鬧而要餵奶，整體睡眠時間少得可憐。七成三的幼兒媽媽在孩子出生後無法做自己想做的事，如：跟朋友吃飯、逛街、出去玩等。三成七的媽媽無法兼顧家庭與工作，就像八爪章魚，工作、家務、照顧子女等多重責任讓媽媽手忙腳亂。二成七以上的幼兒媽媽，因為照顧孩子被迫中斷職業生涯。

實境與解析

彭懷真擔任行政院婦女權益會委員時，在母親節為文〈全世界最棒的工作——做母親〉（2009）：

誰能否認母親是全世界最偉大的工作？這頭銜最危險（想想懷孕到生產的過程）、每日工時最長（遠超過勞動基準法所規定）、服務年數最長（至少二十年）、任務最複雜（生育養育教育全包），卻也是報酬最低、成就感最低、社會聲望不高的，「家庭主婦」甚至不是一種職業。因此，很多人不願意當媽媽，我國去年出生人數首度跌破二十萬人。有些媽媽不是很樂意承擔如此吃重的責任，虐待

或疏忽孩子的例子層出不窮。

這篇文章還說，雖然有些媽媽不樂意承擔如此重的責任，但有許多人想當媽媽卻阻礙重重，如：不孕症夫妻、想領養孩子者、不想結婚但希望做母親者、同性戀伴侶、祖母、外婆等。政府與社會福利機構應給予更多支持、協助，肯定人們的母性。在「幫媽媽做輕鬆媽媽」方面，不論內政、教育、衛生、安全、勞工等部會，都可以大步邁進，使媽媽成為社會國家安定的基石。

從上文可知，照顧兒女的工作十分辛苦，我國現今仍大多由母親承擔。與其頌揚女性擔任母親的偉大，或動員政府各部門「幫媽媽做輕鬆媽媽」。為何不改變想法與做法，使家事及教養兒女成為家人共同的事？夫妻雙方達成共識、分工合作，才是真正的幸福啊！

不少爸爸也想親近及照顧兒女，在制度面或觀念上，大家都應多支持「父職」。醫療院所不僅為懷孕媽媽辦「媽媽教室」，也應有「爸爸教室」提供相關的教育及諮詢（莊淑靜，2012，頁42）。這部分如今各大醫療院所婦產科已有很大進步，**多以「親職教室」、「親子教室」取代「媽媽教室」；各種教育資訊或課程活動，都優先或只通知「爸爸」。希望從胎教開始，即讓父母一起參與，以「親職」一詞取代傳統的「母職」。**盼望幼稚園起的各級學校教育，也能調整親職教育的方式，讓父親參與的比率提升。

2015年2月，台北市長柯文哲出席台灣國際幸福家庭協會「幸福大聯盟」成立典禮時說：「台灣卅歲以上女性有三成沒有結婚，……這是國家危機，應當成國安問題來處理。」後來改口「不

論男女，卅歲以上沒有結婚，都是國安問題。」婦女新知基金會發表聲明，抗議柯市長歧視女性的言論，摘要如下：

> 所謂「幸福家庭」，成就的是誰的幸福？即使現行一夫一妻組成的家庭，多數維護的也是男性特權。許多生不出「夫家後代」的女性，仍然承受莫大壓力；孩子生出來之後的養育責任，也幾乎都落在女性身上。2013年申請育嬰留職停薪的勞工當中，女性高達83.5%，男性只占16.4%。育嬰假結束後許多女性「因家庭因素自願離開職場」，反觀男性離開原事業單位的主因是「找到薪資較高或有升遷機會的工作」。男人成家伴隨的是事業起飛，女性持家育兒則得事事妥協。要不中斷事業，就得一整天工作忙完，飛奔回家做晚餐、侍奉一家老小。遇上年節團聚，因傳統習俗視已婚女性為「夫家的人」，大年初一回娘家不吉利，連要跟誰團聚都無從選擇。

聲明文最後，婦女新知基金會希望大家一起身體力行女男平等，趁年節參與他們主辦的「初一回娘家打卡，無禁無忌，大吉大利！」FB活動，表態支持除夕到老婆娘家吃年夜飯；並且由男性負責準備年夜飯，讓女人放個真正的年假。

過年對於已婚女性的感受，與已婚男性顯著不同。年假的腳步愈近，已婚女性的焦慮愈明顯，對於「究竟要在夫家待幾天」有不小擔憂。男性把「夫妻應一起在夫家張羅、準備過年」視為理所當然，但過年時要與姻親關係（如婆媳、妯娌）得體溝通，對於女性是龐大的壓力源，需要調整與適應。男性婚前婚後的生活環境變動極小，不用離開他的原生家庭。女性須盡「為人媳」的義務，大量減少與自己的父母享受天倫之樂的時間。男性即使陪妻子回娘家，仍不見得願意融入；因為這是妻子的家，「半子」似無明顯應盡的義務。

政府對托育補助的政策再如何加強，僅就女性角色期待與角色

衝突的部分，就可影響女性結婚的意願。經建會公布「台灣地區兩性婚姻趨勢分析」調查（《聯合報》，2009/6/10，A6版），女性初婚年齡持續遞延，從民國90年的26.4歲遞延至民國96年的28.1歲。國內25～29歲女性有配偶率僅32.15%（民國80年時為65.1%），遠低於南韓49.55%、日本39%。

行政院主計總處「婦女婚育與就業調查」，2013年的狀況，女性未婚率創歷年新高，以25～34歲比率增加最多。25～29歲女性近八成未婚，是二十年來上升幅度最明顯的族群。1993年，25～29歲女性未婚率僅36.38%，2013年升至79.06%。1993年，35～39歲女性未婚率僅5.55%，2013年升至25.23%。主計總處報告的受訪女性指出，結婚最主要仍為經濟考量，四成希望能有穩定的工作及收入，才會提升結婚意願；一成四表示，希望丈夫及家人願意分擔家務，並對生育計畫有共識，再走入家庭生活。

由於大學教育普及，女性受教年限普遍延長，導致投入職場時間較晚，自然延後結婚年齡。產業結構改變，服務業比例增加，擴大了女性在勞動市場的參與（2012年已提升到50.46%）。就業率和自主能力的提高，延後女性走入家庭的年齡。

女性教育程度提高、經濟獨立，自我成就與社會價值觀念跟著改變，「走入家庭、生兒育女」不再是婦女的優先選項。加上照顧子女仍多半是婦女的責任，女性不婚、晚婚，以及生育意願下降愈趨明顯。

中央研究院發表「最適生育率跨國研究」成果〔載於2014/10/10出刊的《科學》（*Science*）期刊〕，計畫主持人、中研院經濟研究所副研究員董安琪指出，我國婦女平均一生僅生育1.065個子女，生育率世界最低。當總生育數從2.1降至1.1時，長期人均消費會減少4%，致使生活水準下降。勞動力人口大幅減少，高齡人口續增，導致政府稅收縮水、國民所得下滑。受生育率過低的影響，

未來台灣將朝「又少又老又窮」發展。**若要維持人口「不增不減」的最適情況，總生育數必須達到2.1。**

　　中研院這項跨國研究觀察了四十個國家，包括台灣、南韓、日本，共十七國被歸類為高所得國家，平均實際生育數為1.65。若要達成使政府長期財政寬裕的目標，最適生育數應提升至2.94。我國自民國40年至民國100年，育齡婦女年齡別生育率、總生育數及生母平均年齡詳如**表4-2**。

表4-2　育齡婦女年齡別生育率、總生育率及生母平均年齡

按發生日期統計　　　　　　　　　　單位：‰；人；歲

年別	一般生育率	年齡別生育率							總生育數（人）	生母平均年齡
		15～19	20～24	25～29	30～34	35～39	40～44	45～49		
40年	211	68	287	350	311	226	132	34	7.04	...
50年	177	45	248	342	245	156	71	10	5.59	...
60年	112	36	224	277	134	51	16	3	3.71	...
73年	75	23	144	169	60	13	2	0	2.06	25.9
80年	58	17	92	149	68	16	2	0	1.72	27.2
90年	41	13	62	106	75	21	3	0	1.40	28.2
91年	39	13	57	102	73	20	3	0	1.34	28.2
92年	36	11	52	92	69	20	3	0	1.24	28.4
93年	34	10	49	86	68	20	3	0	1.18	28.5
94年	33	8	44	79	68	21	3	0	1.12	28.8
95年	33	7	41	78	71	23	3	0	1.12	29.2
96年	32	6	37	76	74	24	3	0	1.10	29.5
97年	31	5	32	72	73	25	3	0	1.05	29.8
98年	31	4	27	69	75	27	4	0	1.03	30.2
99年	27	4	23	55	65	28	4	0	0.90	30.6
100年	32	4	23	66	81	34	5	0	1.07	30.9

說明：1.60年（含）以前資料不包括金門縣及連江縣。

　　　2.總生育數係指一個假設世代的育齡婦女，按照目前的年齡別生育水準，在無死亡的情況下，度過其生育年齡期間以後，一生所生育的嬰兒數。

　　　3.0‰係指未達0.5‰。

資料來源：內政部戶政司。

由上表明顯可見，我國婦女總生育數自民國80年後陡降，且有難以提升的趨勢。其他因素暫不討論，若性別平等觀念不能落實，現代女性將愈來愈不願結婚及生育。兩性在婚後之事業、家務及照顧子女，若能平等發展及參與，應能改善我國嚴重的低生育率問題。否則女性有了高學歷或高勞動力，婚後或產後卻必須配合傳統性別角色及責任而離職；又不允許表達個人感受，甚至限制言語與身體自由。女性怎願意踏入婚姻？即使女性讓步、願意以家庭及兒女為重，又怎會真正的快樂？不快樂的婦女，怎會是快樂的母親？

　　即使男方有不錯的收入，希望女性婚後辭去工作當個專職家庭主婦。若女性不願放棄自己的夢想、不願洗手作羹湯，怎麼辦？女人應催眠自己：「擁有幸福的家庭，就是人生最大的夢想，一切的犧牲都值得」嗎？**如果期待離婚率下降、結婚與生育率提升，性別平等就不應是女性議題，男性也應面對及適應新變局，積極落實「性別平等」。**

❤ 婚姻中的性別平等與問題

　　我國婚姻傳統多為「男高女低」的「婚姻斜坡」現象，若發生「女高男低」的反斜坡現象，結果會如何？

 **實境與解析**

　　報載，2007年7月，彰化縣某國小一對教師夫婦一起報考嘉義大學國民教育研究所博士班。放榜後，太太是榜首，丈夫備取第一。女老師決定放棄報到，讓老公遞補缺額，她則明年重考。嘉義大學的教授都說，他倆真是夫妻情深。若情況相反，老公會為老婆做同樣的事嗎？若老婆不願重考，老公會覺得老婆不夠愛他嗎？老公能衷心恭賀老婆上榜，自己明年再考一次嗎？老公會否嫉妒老婆的表現，從此夫妻感情生變呢？

　　報載，2010年12月，網球名將盧彥勳結婚時感性的說：「妻子為了讓我好好比賽，居然睡在地上。」因為旅館的床很小，陪伴他去參賽的妻子為了讓他有充分的睡眠，甘願「打地鋪」。妻子在婚禮上說：「彥勳這些年來出國，都想辦法告訴我他在哪裡，我很感動。」基於性別平等原則，若妻子是網球名將，男性一樣能為愛「打地鋪」嗎？若妻子經常出國比賽，只需告訴丈夫「人在哪裡」，男性就會覺得自己很幸福嗎？

　　其他「女高男低」的反斜坡現象，如職場上夫妻為同事，太太升級後成了丈夫的頂頭上司，會否影響夫妻感情？老公可能被其他男同事調侃「夫以妻為貴」，會否傷了男性自尊？太太成為主管後因工作加重，無法多照顧家庭，老公能否體諒及協助？電影《遺忘》就有類似的情節，升職後的妻子（林心如飾演）變得跋扈、不講理、強勢，凸顯丈夫（李銘順飾演）多情與成熟的好形象。丈夫受不了妻子的氣燄而另謀高就，婚姻頻臨破碎邊緣。這時，一場車禍讓妻子失去記憶，又回到最初溫柔體貼的形象，兩人逐漸恢復昔

日的愛情。不知編劇是否想把錯誤都推到女人身上，是否女人只要安分守己、沒有事業心，就會天下太平？若丈夫升職，太太是他的下屬，就不會有問題吧！

　　以學歷來說，如果妻子是博士，丈夫是碩士，這樣的組合會不會產生衝突？若太太的收入比較高，先生會否覺得自尊受損？有些高學歷的女性，因為不符合性別刻板印象而夫妻不睦，如〈婚姻品質無法和她們的學歷成正比〉一文所述（牧慕，2009）：

　　英華和老公一起在大學任教，但是聰明才智略勝一籌，所以得壓抑自己的鋒芒，讓老公升等後，自己才慢慢著手寫論文。

　　　　＊　　　　　　　　＊　　　　　　　　＊

　　毛毛和老公雖然都是博士，可是老公要求她以博士級規格對待婆家的人，卻縱容婆家的人像童養媳般對待她。

　　　　＊　　　　　　　　＊　　　　　　　　＊

　　小佳的老公是碩士，經濟不景氣的影響而失業。為了不傷害老公自尊，小佳任由他待在家裡，但老公仍不滿意，似乎博士老婆的工作成就嚴重傷害他的自尊；因此對小佳百般挑剔，言談中充滿諷刺與暴力，最後以離婚收場。

第二節　落實性別的實質平等

　　現代女性的教育程度、勞動參與率漸與男性相當，對於婚姻的期待與男性有了落差。女性能自己賺錢、開車、修電器、理財之後，就希望男性有品味、注重情調。若家務事還落在女性頭上，工作與家庭「蠟燭兩頭燒」的情況，生活品質比起未婚時差很多，女性就會懷疑「為什麼要結婚？」

至今不少男性希望妻子出外就業分擔家計，又認為家務事（包括子女教養）是太太的責任。認為好女人就應該繞著丈夫、兒女打轉，如閩南語流行歌曲〈家後〉（作曲／作詞／鄭進一）所頌揚的夫唱婦隨、無怨無悔。

有一日咱若老，找無人甲咱有孝。

我會陪你坐惦椅寮，聽你講少年的時裶你有外賢。

食好食歹無計較，怨天怨地嗎袂曉。

你的手我會甲你牽條條，因為我是你的家後。

但現代女性則希望在戀愛與婚姻當中保有個人空間，能繼續發展個人的課業、工作、社團、嗜好及人際關係。不必凡事都是兩人世界，大家都是獨立的個體。

♥ 「玻璃天花板」效應

報載（林秀姿，2014），性別平等雖喊得震天價響，但教育界存有「玻璃天花板」效應，女性的升遷仍非常困難。教育部統計，高學歷女性愈來愈多，以102學年度來說，博、碩士女學生占30.5%、43.4%，比十年前增加約8個百分點。然而，學歷提升卻沒有反應在職場上。102學年的女性教師，國中小比重接近七成，高中職占五成八，大專校院約占三成（其中女教授占一成九、副教授占三成一）。但女性擔任校長，國中小僅三成，高中職二成一，大專校院5.6%。

今年我想回去跟媽媽一起吃年夜飯耶！

咦？不要啦！

爸媽他們一定會一直問媳婦在哪裡

而且妳不在了誰幫忙做年夜飯啊？

請問法律上的夫妻財產制是？

可共同可分別......

小孩可以跟誰姓？

可......可協調

那為什麼不能協調輪流回家過年

可是......就是初二才能回娘家這是傳統啊！

插圖／胡鈞怡

　　吳妍華曾任陽明大學校長、現任交通大學校長（也是交大首位女校長），她分析，假如女教授占比近二成，大學女校長至少也要一成以上「才正常」。吳妍華表示，要當到女教授，需要家人當後盾支持。不少女性會自我放棄，推掉大學的主管職，為的是專心照顧家人、教育小孩。「女性被賦予家庭責任，無法把工作放在第一順位。」吳妍華認為，此數據可提醒社會，也提醒女性勿自我放棄。

　　為什麼吳妍華能讓交大校友三顧茅廬，把她從陽明大學挖角過來？為什麼她能在男性主導的學術界突破玻璃天花板，兼顧家庭和事業？

　　當過十年陽明大學校長（在陽明大學任教共三十二年）、身兼中研院院士的吳妍華，非常重視做事效率與規劃。每天早上八點半不到就進實驗室，一直忙到晚上，回到宿舍打理、炊飯，照顧兒子就寢，九點以後再回實驗室，忙到半夜，沒有一天間斷，二十幾年如一日。陽明大學依山坡而建，實驗室接近山頂，吳妍華的宿舍在半山腰，她卻能穿著高跟鞋，天天來回奔走好幾趟，不以為苦。

　　跟吳妍華結褵四十年，清華化工系教授李昭德笑說，剛認識吳妍華時，從沒想過她能有今天這樣的成就，因為她是個「平實、沒有野心的人」，「她從不寄望成為多偉大的科學家或行政人員，她只是做每件事情都非常認真，從不取巧。」夫妻倆一個在清大、一個在陽明，長達三十餘年的遠距生活。李昭德週三回台北，一家三口團聚。吳妍華則在週六下班後（當時未有週休二日制），從陽明大學趕回中和母親家，帶著孩子，大包小包地去搭客運到新竹清大。週末都還親自下廚，燒得一手家常好菜。

　　吳妍華半開玩笑的說，說不定是遠距離的緣故，因此得以維繫感

情，「這樣先生才不會覺得我忙得焦頭爛額，才不會嫌我都在忙什麼Career」，「可以見面時，就可以聚餐吃好料的。」吳妍華說，要能在家庭跟事業間取得平衡，就是一開始結婚時就要選對另一半。

　　不少女性爲了家計而進入職場，但她的價值仍是爲了家庭，而不在職場表現。社會上仍存有獨尊男性的職場與教育機制，加上家庭系統的價值觀，所以職業分野上呈現嚴重性別階層化的區隔，產生「同工不同酬」的職場現象。

　　女性的職業與母職的性質接近，男性則維持在高階、高薪與掌握主控權的領導地位上。報載（許俊偉，2015），**主計總處調查，台灣女性2014年整體平均時薪落後男性約15%。二十年前僅約男性薪資的七成，近年差距已縮小，但女性仍需比男性多工作五十五天，薪資水準才能與男人時薪同酬**（但已比2013年少四天）。我國比美國（平均時薪落後男性約17.5%）、日本（平均時薪落後男性約33.5%）、韓國（平均時薪落後男性約30.8%）來得好，但相較推展男女同酬較積極的歐洲國家，我國則落後許多。兩性薪資差距最小的是紐西蘭，女比男少不到6%。

♥ 男女平均分擔家庭責任和家務

　　女性在職業和家庭之間，常面臨艱難的選擇。要爲自己爭取、享受應得的成功？還是因應家庭需要（包括照顧幼兒與長輩）而放棄工作？女性常考慮給孩子留出時間，不再尋求升職機遇與新的專案。女性常因生小孩而選擇放棄事業，或暫停工作直到小孩進入學校爲止。女性想挑戰事業與家庭「雙得」（have it all），就得運用

各種資源努力維持穩定。有人將小孩托給爺爺奶奶，每週甚至每月才能見小孩一次。

婦女常覺得缺乏自我的時間，換取自我時間的方式如：尋求工作空檔、比家人早起晚睡。女性常自認家務是自身的責任，寧可犧牲睡眠也不求家人分擔，這些都是女性自身要改變的觀念與行動。性別不平等之下，不可能擁有真正滿意的婚姻與家庭。

傳統的性別觀念，也使男性承受很大的壓力，如：要有男子氣概、要有擔當、要有出息等。他們即使願意在家工作（包含自由工作者與家庭主夫或奶爸）、支持妻子發展事業，也很難應付周遭的眼光。包括做妻子的，有時也不知如何向「關心」及「擔心」的人解釋，或也希望自己的丈夫事業成功。追求性別平等的過程，女性自己也常成為阻力。

瑞典同時兼有女性高就業率及歐洲最高的出生率，因為爸爸願意請假照顧小孩。父職角色起於伴侶準備懷孕，瑞典政府就為男人提供免費的「父親課程」，讓男人在心理和技能上，真正成為「育兒者」。瑞典的性別平等評比全球名列前茅，政府部門拍攝大量文宣海報鼓勵父親陪妻子一同產檢，及早參與教育孩子的行列。挪威政府近來也採取系列政策，在全國各地建置父親互助團體。

男女平均分擔家庭責任和家務，可以強化夫妻雙方關係，降低分手可能性。**男性與妻子共同持家教子，包括母乳哺育。丈夫的支持與協助，對產婦的情緒及新生兒的健康都有莫大幫助**（詳參台灣母乳哺育聯合學會網站）。

「家庭主夫」或「女CEO（Chief Executive Officer）」被特別強調，只會加深性別意識，讓性別平等更難落實。所以，**根本之道還是打破性別刻板印象，讓愛情、婚姻與家庭生活回歸以「人」為本，不再受限於性別角色的期待**。

♥ 男女都可自我實現

實境與解析

　　2015年，第87屆奧斯卡金像獎最佳女主角獎得主茉莉安・摩爾（Julianne Moore，1960年生），是繼茱麗葉・畢諾許（Juliette Binoche）之後，影史上第二位在三大影展（坎城影展、柏林影展、威尼斯影展）奪下最佳女演員獎的大滿貫影后。她的母親安（Anne）是從蘇格蘭移居的精神病學家，父親為軍事法官。摩爾身為軍眷，因父親的職務調動而在美國與德國之間長大，後來在波士頓大學取得公演藝術學系學士學位。

　　她結過三次婚，第一次為1983～1985年，第二次為1986～1995年，直到2003年8月嫁給了導演巴特・弗魯特里克，育有兩名兒女。兒子生於1997年，女兒生於2002年。

　　茉莉安・摩爾數度接受女性雜誌專訪婚姻關係與教育子女，她總說：「我很幸運能找到志同道合的心靈伴侶，我們相互尊重與信任；我很感謝我的孩子們，體諒無論我當演員的工作再怎麼變來變去，現實中我是深愛他們的母親，永遠不變。」

　　高中時她看到梅莉史翠普登上《時代》雜誌封面，就立志效法：「梅莉史翠普很棒，她能兼顧家庭、婚姻和事業。」茉莉安的媽媽也鼓勵女兒追求夢想，告訴她不要自我設限，「事業和家庭可以兼得」。

　　茉莉安與比她小十歲的導演巴特・弗魯特里克從1996年開始交往，多年來「願意生小孩但不願結婚」的姐弟戀，向來是娛樂媒體關注焦

點。一如她很早就認定自己的志業，摩爾對「成家」之事也早有盤算：「我很早就想到將來要有孩子……我真的很想要有自己的家庭。」只是這個夢想到她37歲才真正落實，先前她有過兩次失敗的婚姻。

對於絕大多數的職業婦女而言，工作與家庭的平衡是首要之務。對摩爾也不例外，她把握的原則是：「如果拍片之地遙遠，我們就安排在暑假，這樣家人就能隨行；若非如此，通常我離家不超過一星期。要是有人邀約我到匈牙利拍片，我一定會請對方考慮改在紐澤西開拍，否則真的很難奉陪！」

儘管嫁給當導演的丈夫，摩爾依然保持一貫的工作自主性。他們鮮少並肩而坐討論劇本，頂多讓丈夫幫她念念東西，通常她看過劇本後就已心中有譜。她與丈夫在生活上琴瑟和鳴：丈夫做菜，她擺桌。摩爾是位居家型而切實際的女性，她把家中整理得有條不紊，還因自己設計紐約的家而引來雜誌特別推崇報導。

台灣「經營之神」王永慶的女兒王雪紅（1958年生），也是非常注重自我實現的例子。王雪紅是美國柏克萊大學經濟碩士，目前擔任台灣威盛董事長、宏達國際董事長等；在2011年全球億萬富翁排行榜上，王雪紅與丈夫陳文琦以68億美元的資產，登上台灣地區榜首。

王雪紅的第一段結婚，是與美國柏克萊大學的學長區永禧。後來因為王雪紅對事業的執著追求，耗費太多精力而難以兼顧家庭，使區永禧感到矛盾及不能理解。他欣賞王雪紅的獨立自主和堅強，但也認為女人就該柔美、溫良、顧家。二者衝突時，他希望王雪紅能扮演妻子的角色，而不是女強人。但王雪紅給自己的定位從來不是家庭主婦，她希望能實現自我價值。他們育有兩個孩子，仍因兩

人對婚姻期待的嚴重落差而離婚，孩子的撫養權歸王雪紅。

　　失敗的婚姻並沒有打垮王雪紅的熱情，反而激發她的鬥志。她開始積極創業，並尋求可以合作無間的夥伴。一次宴會上，她遇到陳文琦（台灣人，1956年生）。他畢業於台灣大學電機工程專業，獲美國加州理工學院計算機科學碩士學位。1992年起，他們創立「威盛」電子；十年後（2003年）的父親節前夕，威盛電子官方網站出現總經理陳文琦發出一則「公告」，他說：「感謝神的恩典，我與王雪紅已經在美國結婚。希望與大家分享這份喜悅，同時求神祝福公司每一位同仁，在工作、家庭各方面都能平安、幸福，更希望大家有情人終成眷屬。」此時王雪紅已經45歲、陳文琦也48歲。

　　這段婚姻得來不易，一路走來，兩人相互扶持、志趣相投，加上「上帝的旨意」（兩人都是基督徒）。王雪紅剖析他和陳文琦的組合，就像在鏡子看到自己，都是比較強勢的人。但在婚姻的過程中，也慢慢地改了。王雪紅認爲彼此有很多共同的興趣，都很愛讀書，都很喜歡古典音樂，都喜歡簡樸、自在的生活；最大共同點是，有共同的信仰。

Note...

Chapter 5

同性戀情與婚姻平權

第一節　同性戀情的意義與適應困境

要解釋同性戀情，得先釐清LGBTI（Lesbians女同志、Gays男同志、Bisexuals雙性戀、Transgender跨性別、Intersex people多元性別認同者），以及區分「性傾向」（sexual orientation）與「性別認同」（gender identity）。

LGBTI屬少數，以同性戀居多，雙性戀與跨性別較少。因為與傳統文化的性別觀念衝突，容易受到打壓。LGBTI為免遭到歧視、騷擾與攻擊，不太敢公開自己的性傾向或性別認同。社會能演變得更多元、開放與包容，他們的權益才能受到保障。

「性傾向」是指在性方面喜歡的是男性或女性，「性別認同」則是認為自己是男性或女性。同性戀或雙性戀是性傾向的表現，同性戀在性方面喜歡與自己同性別的人，雙性戀則男女都喜歡。行為舉止比較女性化的男人，多半是男同志，但不代表所有男同志行為舉止都很女性化。許多男同志跟平常人一樣，不要對男同性戀冠上「娘娘腔」的刻板印象。

同性戀情侶是不分男女的，大家只是用異性戀觀點看同性戀中「誰較像男生角色（保護、照顧）、誰較像女生角色（撒嬌、任性）」。女性化傾向的男生或男性化傾向的女生，不一定是同性戀者。

「跨性別」是指性別認同或性別表現與生理性別不同，也就是心理上認同另一個性別。譬如生理上是男性，卻喜歡穿女性衣服或想要變成女性；「跨性別」包括變性者、反串者、反串秀者、異服者、陰陽人等。

🖤 尊重LGBTI——多元性別認同者的人權

　　同性戀者大約12歲開始，對自己的性傾向產生好奇或困惑；17歲左右確認，有人遲至成年後才底定。老師遇到學生對自己的性傾向有困惑而來求助時，必須知道性傾向的形成涉及許多因素，如：基因、荷爾蒙、腦功能以及社會文化；而且可以確定的是，**性傾向不是個人的選擇，絕大部分的性傾向無法主觀變更。**

　　當性別特質不符合傳統期待，生理性別和性別認同不一致，或發現自己是同性戀（或雙性戀）時，這些衝突可能產生很大的困擾和痛苦。此時，**了解多元的性別特質，才能真正了解與接納自己，進而勇敢做自己。**每個人的性別特徵都可以分為四部分：生理性別（男性－雙性人－女性）、心理性別（男性－中性－女性）、性傾向（同性戀－雙性戀－異性戀）、性別氣質（陰柔－中性－陽剛）。

　　同性戀沒有「性別認同」的困擾，他們認同自己的生理性別，只是受到同性吸引，愛戀或慾望的投注對象以同性為主。世界衛生組織於1990年將同性戀從國際疾病分類（ICD）中刪除，但受到社會風氣或同儕壓力影響，有些青少年要花好幾年的時間摸索，才確定自己的性取向。甚至在與異性交往、結婚生子後，才領悟到自己是同性戀。有些青少年似有短暫的同性戀行為，常見男校、女校、軍隊、監獄等情境；這不一定是同性戀，只是在相同生理性別的環境中，模擬戀愛的感覺而已。等有機會接觸異性，會發現自己還是異性戀。

　　許多人以為同性戀是後天環境所形成，可以把它改變過來。但醫學界已普遍認為，**企圖改變性傾向不僅成功率極低，而且會使當事人沮喪甚至自殺。**LGBTI的父母無須自責或懊惱，以為自己在孩

子童年時做錯了什麼,或是對孩子關心不足,才害他變成這樣。但這些青少年容易受到輿論壓力與折磨,出現情緒欠穩甚至自殺的情形。所以要協助他／她以自己認同的性別或性取向來適應生活,而不是改變他們來迎合生理性別。

為什麼有人「認定」LGBTI是錯誤甚至不正常、罪惡?歧視常由偏見造成,偏見則來自團體排斥、刻板印象、意識形態、社會歸因、權威性格、迷信、團體衝突、傳統價值觀等。若不願多接觸與了解,歧視只會加深。LGBTI的父母因為了解自己的孩子,所以能夠扭轉偏見。

要消除歧視就得學著不憎恨,挑戰與釐清刻板印象,立法保障弱勢族群,有意義的接觸與合作。被歧視的LGBTI也要努力接納自己,展現自我價值。具體做法如2013年12月5日台北市諮商心理師公會對心理師之要求:

1.不應視「同性戀」為病態:美國精神醫學學會於1973年將同性戀從精神疾病之診斷項目中移除,並明確指出:「同性戀本身並不意味著有判斷力、穩定度、可信度,或一般社會或職業能力的缺損。」

2.不得對同性戀者有強加「修復治療」或者「轉換治療」之意圖與措施:2012年泛美衛生組織在5月17日國際反恐同日聲明:意圖「治療」非異性戀者的措施缺乏醫學正當性,並對潛在受治療者的健康造成嚴重威脅。

3.「會員自律公約」第4條「本會會員及所屬公會會員執行諮商心理師業務,應尊重當事人之文化背景並予公平待遇,不得因年齡、性別、種族、國籍、語言、宗教信仰、政治立場、性傾向、身心特質或社經地位等因素而予以差別待遇。」

會員若無法接受LGBTI,對於LGBTI當事人或因性傾向、多元

性別議題而有困擾的當事人，應適時尋求專業諮詢、督導或做必要之轉介，以免侵犯人權及違反專業倫理規範。

　　除了諮商心理師對LGBTI應具備正確的觀念外，醫事人員亦然：2013年3月25日，衛生福利部將「尊重LGBTI（Lesbians Gays Bisexuals Transgender and Intersex people即多元性別認同者）人權教育」，列入醫事人員繼續教育之必要學分。一般人則可從「同志熱線聯盟」、「性別人權協會」、「台灣性別平等教育協會」等網站了解LGBTI。並知道自己可以學習什麼、參與什麼，共同打造一個無性別歧視的開闊空間。

　　亞洲第一個同志父母團體「同志父母愛心協會」，於2011年7月8日成立。召集人郭媽媽表示，台灣同志人口約200萬人，就有400萬名同志父母。希望這些父母能和她一樣，理解並尊重子女的同志身分認同。約三成同志敢向父母表明「出櫃」的身分，很多同志打算等到父母年紀大了再說，或因擔心刺激父母親而一輩子隱瞞真相。

　　「同志父母愛心協會」的前身是同志團體中的「櫃父母小組」，2006年開始針對同志父母進行教育。藉著自身經驗陪伴更多同志及同志父母走向社會，讓更多異性戀接納同志。家有同性戀子女，父母該如何面對與處理呢？

1.以愛孩子為出發點，協助子女向醫生或輔導人員求助，確切了解自己的性向。
2.要有正確的認知，同性戀並非孩子、家長或任何人的錯。
3.同志容易遭到同學性霸凌，罵他／她是變態等，以致青少年同志自殺率較高，一定要幫助他／她面對可能的社會壓力。
4.出櫃不是最重要的事，一定要尊重子女自己的意見。
5.有問題或疑惑時可向相關團體求助，讓有經驗的人幫助你，如：台灣同志諮詢熱線、同志父母愛心協會。

♥ 同性戀的困境

同性戀有許多外在壓力及需要調適的地方，如：學習忍受異樣的眼光。**不能因為怕受傷害而選擇與社會隔離，只會增加社會更多無謂的臆測**。要追求屬於同性戀的人權與幸福，就要坦然迎向別人的好奇與疑問。

實境與解析

2011年，屏東縣兩名未滿18歲的專科女生，在寢室同床而睡，遭指責疑為同性戀，竟然想不開，在車城鄉一家民宿燒炭自盡。她們在隨堂測驗紙留下遺言：「我們倆是真心相愛，既然無法得到家人認同，只好跟自己這輩子第一個、也是最後一個伴侶走完人生的路！感謝父母養育之恩，我們要一起走。」

其中一名少女有個孿生姊姊，三人住同一寢室。孿生姊姊發現兩人同床睡時大聲斥責「不該睡在一起」驚動其他室友。於是兩人一大早即離開學校。雙胞胎姊姊向警方表示，妹妹的同性戀關係已發展一年多，她曾多次指責妹妹，甚至當著兩人的面調侃說：「那麼多男生不去愛，為什麼要挑個女生？」讓妹妹深感受辱，姊妹為此經常吵架。姊姊無力處理，也沒有向家長、老師或學校輔導單位求助。

同性戀的困難之一是如何讓家人了解與接納，並且得到祝福。其次則是試探想追求的人是否為同志，擔心告白後若對方不是同志，則不僅被拒絕還可能遭受莫名的排斥。第三就是戀愛時的各種

愛情問題，這部分與異性戀相同，嚴重時還是需要求助，經由良師益友或心理專家的陪伴、傾聽、整理等，找回生活的重心及快樂。不要過於依賴藥物來改善睡眠或情緒狀態，如此不但不能解決問題，反而造成上癮行為。

第二節　同性婚姻或婚姻平權

同性婚姻或同志婚姻（same-sex marriage或gay marriage）是指生理性別或性別認同相同者的婚姻關係，也稱為「婚姻平等」、「平等婚姻權」、「婚姻平權」。支持同性婚姻的人認為，無論異性戀或同性戀，婚姻權都是基本人權之一。反對同性婚姻的人，則基於傳統婚姻是一男一女，遵照社會風俗或法律所建立的關係，並成為鼓勵生育的社會或法律工具。雖然同性婚姻的家庭可能無法繁衍下一代，但同性戀的比例不超過10%，對於「人口趨勢」（少子化及高齡化）的影響有限。

♥ 美國最高法院為何承認同性婚姻？

💬 實境與解析

美國國會於1996年通過「捍衛婚姻法案」（Defense of Marriage Act, DOMA），將婚姻定義為限於一男一女的結合，並允許拒絕承認其他

州發生的同性婚姻之有效性。2013年，美國最高法院裁定「捍衛婚姻法案」違憲，聯邦政府承認由州政府核發的同性結婚證書十六州施行。2014年，美國最高法院駁回印地安那、奧克拉荷馬、猶他、維吉尼亞、威斯康辛等五州的州政府對聯邦上訴法庭判決的上訴，婚姻合法化的州數由十六州增加為三十五州，涵蓋人口數超過總人口的64%。

美國最高法院為何承認同性婚姻？維護傳統婚姻的人認為，婚姻目的是繁衍後代，雖然不是每對異性婚姻都生育小孩，但整體而言異性婚姻確是人類得以生生不息的支柱。最高法院多數意見則認為，法律並未以生育能力或生育意願作為結婚的前提。纏綿病榻奄奄一息的人，一樣可以結婚。已經結婚的人，不會因為年齡或疾病不能生育，而喪失婚姻的效力或成為離婚的理由。

另方面，同性伴侶可以藉由第三人的協助生育小孩或收養小孩。收養行為不但減少育幼院的院童人數，而且帶給無力扶養小孩的懷孕婦女一線希望，不必擔心生下小孩之後沒有人扶養而陷入絕望，因而導致墮胎。以不能生育作為拒絕同性伴侶結婚的理由，並不適當。判決指出，婚姻的意義在於相知相守的承諾，而非繁衍後代的功能，否則不能或不願生育的異性伴侶也不能結婚（賴英照，2014）。

如果以提供小孩良好的成長環境作為結婚的條件，那麼許多異性伴侶也不能結婚。因為有人是刑事罪犯，有人對小孩虐待、性侵、毆打或棄而不顧。因此，以父母性別作為判斷子女成長環境的唯一標準，其實只是偏見。禁止同性結婚對人權的傷害，更甚於黑白通婚的禁令。因為白人和黑人還有機會找到同種族的異性結婚，但同性戀者卻因為性傾向而終身不能結婚。法院認為，沒有證據可以證實異性婚姻是對家庭、社會及人類文明發展最好的制度（賴英照，2014）。同性戀者屬於少數族群，他們的性傾向多屬與生俱來、難以改變，但長期受到歧視，又缺乏足夠的政治影響力消除歧視待遇。限制同性結婚的規定，更與同性戀者

貢獻社會的能力無關。這種限制並非達成重大公共利益必要且適當的手段，違反平等保護的憲法意旨。

　　至於允許同性結婚，究竟對社會產生什麼影響？固然沒有明確一致的答案，但最高法院反問：有哪一件重大司法判決，事先就清楚預知對社會的影響？判決強調，當少數族群的權利在多數決的民主程序中受到壓制，他們的救濟管道就是憲法（賴英照，2015）。

　　至2015年初，全球已有二十個國家承認同性婚姻，順序及生效日期如**表5-1**。

表5-1　承認同性婚姻國家順序及生效日期（至2015年初）

順序	國家	生效日期
1	荷蘭	2001年4月1日
2	比利時	2003年6月1日
3	西班牙	2005年7月3日
4	加拿大	2005年7月20日
5	南非	2006年12月1日
6	挪威	2009年1月1日
7	瑞典	2009年5月1日
8	葡萄牙	2010年5月17日
9	冰島	2010年6月27日
10	阿根廷	2010年7月15日
11	丹麥	2012年6月15日
12	烏拉圭	2013年4月10日
13	紐西蘭	2013年4月17日
14	法國	2013年4月23日
15	巴西	2013年5月15日
16	英國	2013年7月17日
17	蘇格蘭	2014年2月5日
18	芬蘭	2014年11月28日
19	愛爾蘭	2014年12月16日
20	盧森堡	2015年1月1日

插圖／胡鈞怡

台灣的婚姻平權運動

　　2012年，台灣第十屆同志大遊行的主題為「婚姻平權」。除了要徹底檢視婚姻在制度、文化、社會各方面造成的性別壓迫外，也想打破以生殖為基礎的成家想像。2014年底，台灣歷史上第一次在立法院正式審議「婚姻平權法案」，正反意見激烈交鋒。支持意見如下：

　　「性傾向」不該成為被國家法律排除的理由，同志不能結婚就是次等公民。不管反對者整理多少現行法律上的權益，但許多同志想要成為彼此的「配偶」而非「家屬」是基本人權。應將民法親屬篇、繼承篇，男女、夫妻、父母等用語改為配偶、雙親。「恐同」是社會歧視的來源，法律不平等更是對歧視的「制度性鞏固」。

　　異性戀父母不必然因為他們的性傾向，就理所當然具備教養孩子的能力。依據衛福部統計，2012年與2013年兒童及少年受虐事件，加害人中以父母比例最高，約70%。2013年的數據顯示，44.2%的兒少受虐事件的施虐者本身因素是「缺乏親職教育知識」。2012年有199個孩子被遺棄，746個孩子是不被期望下所出生。2013年有177個孩子被遺棄，660個孩子在不被期望下所出生。異性戀雖能透過性行為生養孩子，卻也有不少孩子被遺棄及不被期望出生，這對孩子一生的身心發展都有極大的負面影響。

　　同志伴侶可以收養孩子，讓許多無法在原生家庭獲得溫暖與妥善照顧的孩子，在充分準備與具備良好親職能力的雙親照顧下長大。台灣的收養必須經過法院認可，以「孩子的最佳利益」為考量進行把關。現行民法將共同收養人限於夫妻，也將繼親收養限於夫妻；因此非夫妻不能共同收養，非夫妻也不能繼親收養。然而，民法的未成年收養制度，以子女最佳利益為判準。因此，合法夫妻不

一定能共同收養，也不一定能繼親收養，一切繫諸是否符合子女最佳利益。

實境與解析

2014年，女同志周書綺和王淑儀赴士林地方法院聲請繼親收養，希望王女也能成為孩子「母親」。兩人相戀十五年，三年前周書綺到國外做試管嬰兒生下龍鳳胎，因我國同性婚姻未合法，周女成了「單親媽媽」，王女成了家庭的「陌生人」。

王淑儀說，孩子年紀漸長，她怕未來伴侶發生意外，孩子被帶走，或是她的財產未來不能留給孩子；所以向台北市政府提出「指定收養」其中一名孩子。台北市政府社會局回函「孩子的生母並無照顧不當或無力照顧，無出養必要性，基於兒童最佳利益考量，應優先於原生家庭成長。」

兩人和律師討論後，決定以民法「繼親收養」規定，向法院提出王女擁有孩子監護權的認可。繼親扶養是男女雙方結婚後，收養另一半的孩子，並共同擁有孩子監護權。雖然同性婚姻在台並未合法，但是兩人共同生活，並攜手扶養子女已久，是「事實上夫妻」。法院應以此來認可王女是孩子的第二雙親，對子女才能達到最大利益。

現行法不僅允許單親收養，也不強制有子女者結婚時他方必須收養該子女，亦即承認單親或「有配偶、但配偶非子女之父母」並不必然違反子女最佳利益。

2009年，獲得奧斯卡最佳原著及男主角兩大獎的《自由大道》一片（也獲得最佳影片提名），片中真實人物哈維米克（西恩潘飾

演），與反對同性戀者公開辯論時極力澄清：「同性戀孩子在異性戀家庭與環境中長期耳濡目染，並沒有變成異性戀；爲什麼異性戀孩子在同性戀家庭中，就會變成同性戀？」

研究顯示，由兩個媽媽或兩個爸爸撫養的孩子，跟一對夫婦撫養的孩子，各方面並沒有區別。但反對者仍不贊成同性戀者領養兒童，他們認爲將心智尚未成熟的幼兒安置在一個異常的家庭，可能侵害兒童的人權，可能受到來自同儕的歧視。

許多家長爲了生養下一代而反對同性婚姻，但父母眞的了解自己的兒女嗎？眞正了解兒女不敢告訴你的另一個世界嗎？性傾向是一種人格最深層、最私密也最核心的自我認知。基於憲法保障人性尊嚴、人格權、婚姻自由及平等權，應給予同性伴侶與異性伴侶平等的婚姻制度保障。

💛 同性戀和異性戀婚姻同樣幸福

💬 實境與解析

2013年，魏雷與筑紫薰結婚了。他們符合民法一男一女的規定，是合法夫妻。魏雷身分證是女性，愛的是女人；筑紫薰身分證是男性，自覺是女人。筑紫薰本名陳于豐，未變性但為自己取了女性化的名字，希望大家這麼叫他，痛恨身上一切男性特徵。魏雷反而不在意，魏雷說：「筑紫薰的心態是女的，我就認為他是女的。我們有聊不完的話，像重機、做菜，我很心疼他一路受的苦。」

筑紫薰小學就試著穿女裝，媽媽覺得小男生偶爾這樣很正常，但不知道他想當女生。變性名模劉薰愛上了新聞，使筑紫薰受到激勵，開始鼓起勇氣穿女裝上課。

魏雷大學時跟家裡出櫃，媽媽接受女兒的性取向，但不代表贊同結婚。魏媽媽說：「你不是女同志嗎？找個女生就好了，為何找一個我分不清男女的人？」魏雷生病時，媽媽看到筑紫細心的照顧，也就放心了（魏爸爸則資助他們成家）。魏媽媽最初常自問：「我要把筑紫薰當媳婦還是女婿？是媳婦的話要掃廁所。」筑紫薰會幫忙做家事，說話輕聲細語，女人味十足，魏媽媽開始對親友介紹這位「新媳婦」。

他們既符合法律對婚姻的規範，也同時遠遠超過社會對婚姻的想像。生理上新郎魏雷是女孩，新娘筑紫是男孩。魏雷希望兩人的結婚，讓大家思考這和異性戀婚姻同樣幸福，也勉勵其他同志朋友：「身為同志，你想或不想都必須面對很多壓力。既然你已經知道眼前有那麼多壓力了，何不讓自己活得快樂一點？」

筑紫薰的母親對於婚姻本來就不信任，她說：「妳們喜歡在一起就好了，何必要結婚？」但也說：「如果決定走這條路，內心一定要很強大。不要去刻意尋求認同或想要得到別人的認可，做好自己、顧好自己，才是最重要的。一定要把焦點放在這裡，不要被無謂的干擾影響。」

我國婚姻制度歷經數次變革，民法原有以男性為主的親權、住所、冠姓及子女姓氏決定權等歧視規定，在性別平等運動的努力下都修正了。

財團法人台灣民主基金會委託世新大學知識經濟發展研究院，發表「2014台灣民主自由人權指標調查」結果，同意立法讓同性婚姻合法化比例超過半數，26.1%民眾表示非常同意、27.9%有點同

意，合計為54%。28.2%非常不同意，有點不同意是16.4%。以區域看，北北基民眾有31.3%非常支持、30.5%有點支持，支持度最高；高屏澎、宜花東地區則各有39%、33.2%非常不支持。以年齡層看，20～29歲之間的支持民眾超過了八成，50～59歲及60歲以上民眾最不支持同性婚合法化。以性別看，男性35.4%非常不支持、19.1%有點不支持，相較女性則有33.2%非常支持、29.9%有點支持同性婚合法化。

實境與解析

　　報載（胡若梅、周毓翔，2014），天主教輔仁大學波蘭籍使命副校長聶達安，毫不隱藏反對多元成家的立場，與輔大創校以來第一位性別研究社社長劉秀玲，進行一場師生攻防。

　　聶達安（以下簡稱聶）：現在社會最大的問題是，以自己的價值觀強迫別人一定要接受，說這樣才不算歧視。婚姻是聖事，我們不認同婚姻以外的性關係，包括婚前性行為、外遇，同性戀婚姻也是其中一部分。這是我們認同的價值。即使非宗教界，台灣仍有很多人是反對同性婚姻，是不認同的。你有權利爭取，為什麼我們沒有反對的權利？

　　劉反問：你認同的生命延續，一定要在一個「關係」上出現的生命，這個生命才被認同嗎？生命有等級差異嗎？同志也可以生養小孩。只是用的方式不同，如人工生殖、收養、代理孕母；還是有辦法繁衍後代。現在許多異性婚姻不願意生小孩，但有同志想生養卻沒辦法。我認為，婚姻是兩個相愛、想走進婚姻體制的人可以做的一種選擇。

2014年，內政部出版《平等結合　互助包容——現代國民婚禮》一書，主張**「擁有伴侶及婚姻，是每個人與生俱來可以追求的權利」**。書中除了建議免除「合八字」、「檢視新娘斷掌」、「男童翻床」、「過火爐」等傳統習俗外，更介紹了同志婚姻與婚禮，指同志朋友們在異性戀環境中成長，同性的愛情慾求並未因此受到改變或影響，「顯見感情為自發」，不能勉強。書的內容指出，我國婚姻制度雖向來建構在異性戀基礎上，且民法與大法官解釋都認定「婚姻由一男一女組成」，但擁有伴侶及婚姻是每個人與生俱來可以追求的權利。書中也列舉目前十六個通過婚姻平權法案的國家，讓同志享有生育、領養、繼承、生病探視、稅務、保險、醫療行為代理同意等配偶間的義務與權利。

❤ 不一樣又怎樣

同志最希望爭取的權益是：**「推動同志婚姻合法化，爭取與異性戀婚姻相同的權利。」**因為結婚不只是一張證書，而必須靠這一張紙來維護自己的權益。一對同志伴侶已經決定共同生活，兩人合資購買房子，但房子僅登記在一人名下。意外突然降臨，房子所有權人猝逝，所有權人的家屬依照法律有第一順位的繼承權，共同出資的同志伴侶反而被迫搬離那個家。

在醫療行為上，同性伴侶也遭到無形打壓。同性伴侶的其中一方突發疾病，被緊急送往醫院急救。**醫院為避免醫療糾紛，不管是送到急診室、進行重大手術或探視病人，都只通知配偶或親屬，同性伴侶反而無從得知，甚至連探視的資格都沒有。就連臨終前的安寧看護，同志伴侶都沒有資格簽署。**

　　2014年，蔡依林的新歌〈不一樣又怎樣〉，MV開場時歸亞蕾飾演的女同志，心急如焚的看著另一半被推進急診室。護士問歸亞蕾和病患是什麼關係？歸亞蕾哽咽地說：「好朋友，我和她住在一起三十年，我是她最親密的人！」護士卻只能按醫院規定，請家屬來簽手術同意書！歸亞蕾只好尋找老伴失聯好久的家屬，一位遠房親戚特地跑來簽手術同意書！

　　最後老伴仍然辭世，歸亞蕾在悲痛中恍惚見到年輕時的伴侶（蔡依林飾演），她自己也變回年輕的模樣（林心如飾演）。兩個相愛的人穿著白紗走進婚禮現場，在所有人的祝福中交換戒指、深情擁吻。

　　歸亞蕾在病房中收拾老伴遺物時，護士詢問「和病患是什麼關係」？歸亞蕾終於鼓起勇氣說：「她是我妻子。」

　　〈不一樣又怎樣〉這首歌先唱出同性戀的不容易，更需要勇氣：

女方女方愛對方，不簡單也很平凡。
另一半變成老伴，留下非一般的遺產。
愛一個人，看究竟需要多勇敢。

但也抗議：

庸俗地海枯石爛，世俗又憑什麼為難？
誰比誰美滿，由誰來衡量？
神不神聖，愛這種信仰誰說了算？

目前台灣最大的問題，在於社會大眾不了解同志如何被壓迫。同樣繳稅卻無法享有平等權益，這就是社會上無形的歧視。

蘋果執行長庫克（Tim Cook）公開自身性向，成為《財星》全球500大企業及S&P 500指數成分企業中首位公開出櫃的執行長。他說：

> 如果得知蘋果執行長是同志這件事，能夠幫助那些正在為自己性向天人交戰的人，或是能安慰感到孤單的人，甚或激勵堅持權益平等的人，也就值得我犧牲個人隱私了。

2014年10月18日，為期兩週的天主教主教會議通過總結報告，草案中有關接納同性戀者，以及離婚和再婚教徒可領聖餐的三個段落，都未獲達成共識所需的三分之二主教通過。經過十多天的激辯後表決，118位主教贊成、62位主教反對草案中「接納並尊重」同性戀者，距通過三分之二門檻還差四票，僅通過「應避免」歧視同性戀者。

主教會議的討論，本身已是一大成就。因為，許多主教來自仍禁止同性戀的國家。教宗想要說服教會領袖支持他更慈悲的接納同性戀者，已快突破三分之二主教支持的門檻。教宗有一次提到同性戀者時說：「**我是什麼人，能夠評斷他們？**」同樣的，我們是否也該自問？

Chapter 6

性與愛的迷思與澄清

第一節　性與愛的關係

對於性與愛的關係，存在著不少似是而非的「迷思」，如：「男人不壞，女人不愛」、「霸王硬上弓」、「嫁雞隨雞」、「用性來證明愛」等。若不加以正視、反思、澄清或批判，就容易受傷與受害。嚴重時還會感染性病或愛滋，遭受性侵害或性騷擾，以及懷孕、奉子成婚或墮胎、遺棄孩子等惡果，影響及於好多年之後，包括下一代及再下一代。

♥ 「性虐待、性暴力」不等於性愛

性與愛的正確關係應是：尊重天生性別的差異，但不被錯誤的性別刻板印象所局限。如：傳統上要求「烈女不事二夫」，卻允許男性「三妻四妾」，這就造成兩性在性、愛、婚姻與家庭互動上的不平等。這種不平等可能使男性主導愛情與婚姻的發展，甚至「強迫」女性進行婚前性行為、性虐待（性暴力）。不僅不考慮女性的感受，甚至沒有足夠的避孕措施以保護女性。

 實境與解析

2015年，全球票房開紅盤的電影《格雷的五十道陰影》（*Fifty Shades of Grey*），敘述一位清純美麗女大學生為校刊採訪英俊的成功企

業家格雷（Grey），兩人展開戀情的故事。

男主角有「特殊性癖好」，會將女主角綑綁起來極盡的玩弄與挑逗。泌尿科醫師鄒頡龍說（2015），他看到電影中男主角在重要關頭用「誇張瀟灑」的姿態撕開保險套時會心一笑，導演沒有忘記放入「安全性行為」（Safe Sex）的概念。鄒頡龍說明「安全性行為」的ABC三原則：

A（Abstinence）：禁慾

節制、甚至完全避免性生活，就能減少得到性傳染病的機會；尤其在青少年時期，身心都還沒有完全成熟，最好禁慾。

B（Be Faithful）：忠實單一性伴侶

成年到結婚這段期間，最好保持「忠實單一性伴侶」。

C（Use a Condom）：保險套

「正確而且持續」的使用保險套。美國國家衛生研究院（NIH）研究指出，使用乳膠保險套能夠降低85%罹患愛滋病的危險性。其他如：生殖器疱疹、子宮頸癌、菜花、梅毒、淋病等等，也有效果。

使用保險套仍可能失敗的原因包括：在性行為過程中滑脫，或是保險套因過期或儲存的環境不理想，以及在過程當中使用油性潤滑劑等而導致破裂。另一個可能原因是，「沒有全程使用保險套」。

婦女團體抗議這部電影美化了「性虐待、性暴力」，對社會有負面影響。即使是「高、富、帥」的格雷，任何人都不能倚仗著權勢、性別或財富，以任何理由傷害別人。

「性侵害犯罪防治法」規定，中小學每學年至少有四小時性侵害防治教育課程，內容包括：兩性性器官構造與功能、安全性行為與自我保護性知識、正確性心理之建立、對他人性自由之尊重、性侵害犯罪之防範與處理等。以「對他人性自由之尊重」這項來說，每個人都擁有「性」的自由或自主權，任何人不能強迫或誘拐他人從事性行為。**戀愛時，如果對方只想滿足自己的慾望，而不尊重別人的「性自由」，就不是真愛。**

「性行為」是愛情的親密互動方式之一，健康的性行為是美好、快樂的，但需要身心成熟，以及相互的了解與尊重。愛情中雖包含生理激情，但激情不等於狹義的性行為。任何因愛而產生的愉悅、令人留戀的生理反應都算是，如牽手、擁抱、依偎、觸摸、接吻等。但這些親密行為，一樣不能以強迫及誘騙方式進行。唯有心靈感覺親密，愛情的生理激情才會強烈。但此邏輯不一定能逆轉，沒有愛情基礎的激情只是性衝動或性反應，不是真愛。

家庭及學校教育應及早進行「性教育」，使青春期之後的青少年知道：

1.什麼是安全的性行為？

2.如何才能保護自己？

3.如何才能避免傷害別人？

4.如何才不會造成感染疾病甚至性侵害犯罪的後果？

5.如何才不會發生沒有準備好的懷孕或奉子成婚？

♥ 維護身體隱私權與自主權

九年一貫課程「健康與體育領域」分段能力指標，與「性教育」相關者有：

1.討論對於身體的感覺與態度，學習尊重身體的自主權與隱私權。

2.檢視兩性固有的印象及其對兩性發展的影響。

3.運用性與性別概念，分析個人與群體在工作、娛樂、人際關係及家庭生活等方面的行為。

4.解釋社會對性與愛的行為之規範及其影響。

以「隱私權」來說，這是人與人之間的分界線。身體的隱私權就是自己身體的任何部分，尤其是隱私部分，如嘴、胸、性器官、臀部等，別人不可以隨便碰觸與偷窺。相對的，我們也須尊重別人的身體隱私權，不可隨便碰觸與偷窺他人。侵犯別人的身體隱私權，除應負之刑責外，還須賠償相當之金額。如民法第195條：「不法侵害他人之身體、健康、名譽、自由、信用、隱私、貞操，或不法侵害其他人格法益而情節重大者，被害人雖非財產上之損害，亦得請求賠償相當之金額。」

從小就要學習如何維護自己的身體隱私權，才能免於陷入被性騷擾與性侵害的危機。每個人都是世上獨一無二的生命個體，身體是一個人最大、最私有、最初也是最終的財產。這要從家庭教育開始，即使父母也不可以隨意侵犯兒女的隱私，尤其是身體的隱私權。更要隨時注意及教導兒女如何做個好的身體管理人，學習「善盡義務」及「正確使用權利」的能力。學校教育亦然。

尤其是絕不可以酒、藥物或暴力侵犯別人的身體，或以欺騙、強迫方式得到情慾的滿足。這是占有對方的身體，永遠得不到對方的真心。相對的，自己也要小心，不讓對方有機會以酒、藥物或暴力侵犯你的身體。必須學習的課題包括：

1.哪些場合較易接觸到酒及藥物？

2.如何不被別人激發而輕易飲酒或接觸藥物？

3.如何不要給對方機會拍攝性愛影片？

4.哪些人較可能是危險或恐怖情人？

5.當對方對你施暴時（身體暴力或性暴力），該如何應對？

♥ 性、愛混淆不清的後遺症

萬一對方要求你以性行為來證明你的愛情，或你以為被對方「占有」身體就等於「是他的人」時；這種性與愛的迷思，會耽誤自己一輩子的幸福。更可怕的是，若你想分手，他／她卻以散布兩人性愛相片或影片為要脅，不准你離開他／她，甚至強索高額的分手費，你就後悔莫及了。

另外，若不符合「安全性行為」ABC原則之「B」──Be Faithful（忠實單一性伴侶），而大玩愛情遊戲時，愈多的性伴侶，愈容易惹禍上身。而且不論你自己或對方若非「忠實單一性伴侶」，此時是性或是愛？可能令你更加迷惘。

報載（張宏業，2015），陳姓工程師在手機交友軟體以不同化名找女友，沒想到竟找到同一名女高中生。陳與少女發生性關係後，發現對方愛上他的分身；涉嫌以分身騙稱握有少女性愛影片，脅迫被害人每天拍十張裸照給他，少女報警，警方調閱IP發現陳一人分飾兩角，依恐嚇及違反兒少條例等罪嫌起訴陳。陳被控強制性交罪部分，檢方認為雙方是合意性交，處分不起訴。

陳先以「阿瑋」身分認識女高中生，另以「詹姆士偉」在交友軟體上又找到一名女高中生。聊了幾次之後，陳發現對方就是他的女友，為了解女友是否真心喜歡「阿瑋」，他以「詹姆士偉」追求對方，果然順利追上。女友打算與「阿瑋」分手，陳憤而以「詹姆士偉」的身分恫嚇女友，「我看過你和別的男人在旅館做愛的影片，你每天要拍十張裸照給我，否則就將影片散佈。」少女共傳上百張裸照給「詹姆士偉」。少女向陳提分手，陳拿出裸照要脅，少女先到松山分局控告「阿瑋」性侵、恐嚇，再到信義分局控告「詹姆士偉」恐嚇；經警方調閱IP，少女才發現「阿瑋」和「詹姆士偉」根本是同一人。

　　九年一貫課程「綜合活動領域」中，與「性教育」相關的內涵為「兩性的關係與互動」，包括：了解兩性在家庭、學校和社會的關係，學習兩性良性互動的模式，設計促進兩性合作的組織與活動。

　　分段能力指標中與「性教育」相關者較少，僅「舉例說明兩性的異同，並欣賞其差異」、「覺察自己與家人溝通的方式，並體驗經營家庭生活的重要」。「性教育」絕非只是範圍狹窄的性關係，更需要能長久相處與合作的心理與溝通教育。

　　上述國民教育階段的「性教育」課程或法律知識，足以使青少年打好「愛情學分」的基礎嗎？看看下面的情況即知，青少年尚不足以知行合一或學以致用，有待大學教育繼續「接棒」。

1. 也許知道兩性的「性器官的構造與功能」，卻不能避免自己陷溺於性慾望的滿足中。
2. 也許知道「安全的性行為」，卻不能抗拒不只一個性伴侶的性渴望。

3.也許知道避孕的方法，卻不能說服男方全程使用保險套。

4.也許知道何處可取得避孕用品，卻沒有確實使用而樂觀的以
　為不會懷孕。

5.也許知道懷孕的知識，卻不知自己已經懷孕，也沒有產檢等
　任何準備措施。

6.也許知道組織家庭需要的經濟等條件，卻不能理性的抉擇而
　輕率結婚。

7.也許知道「尊重性自由」的意思，但生理衝動時，對所有的
　行為後果都拋諸腦後。

第二節　澄清性與愛的迷思

　　「性」是天生本能，孔子說：「飲食男女，人之大欲存焉。」
（《禮記・禮運篇》）飲食是指吃，男女則是性，兩者是人類最基
本的欲望。人類有七種天生的情緒：喜、怒、哀、懼、愛、惡、
欲，「性」屬於「欲」，若沒有依禮來節制，即可能氾濫成災。儒
家不主張「禁慾」，因為性是天生的一部分，卻不能「縱慾」，要
以正當及健康的方式來控制或滿足性慾。**性的話題若不能在青少年
時期開始討論，只靠偷看黃色書刊及色情影片，豈不更危險**？以下
提出若干性與愛的迷思，大家共同思考該如何突破？

♥ 戀愛時一定要有性行為嗎？

　　戀愛時如果過於沉溺身體的親密接觸，除了擔心性病、懷孕之
外，久之也會覺得生活空虛。若你不想如此，對方卻強迫你，你最

後也不知或不敢拒絕時，即要反省自己的心態：

是否怕他生氣或不愛你而遷就他？

他這樣做是否很自私、不尊重你（尤其沒有做好避孕措施）？

你們的愛情關係是否健康、正常？

反之，若你的性慾被撩起，也不應強迫對方；若想澆熄熊熊慾火，可以沖個冷水澡或做其他事情。「性」不只局限在身體慾望的滿足，還包括情感的交流及其他的肢體親密接觸。性慾是上天賦予人類的自然驅力，每個人都可以適當地滿足性需求，包括自慰。

性別平等的時代，每個人都能追求情慾的滿足，但在更深入的身體接觸之前，要想想：

能否承擔後果（而且是平等的承擔）？

你們的愛情已足夠穩固或可發展到更親密的階段嗎？

性行為之後，你或對方如果後悔、不想繼續交往，該怎麼辦？

如果對方引誘你、哄騙你、強迫你，你更要多想想，並在來得及的時候脫身。許多陷阱或險境是可以避免的，如：

- 不要跟他／她單獨相處。
- 不要去對方的住處或較偏僻、無人的地方（包括KTV包廂）。
- 不要進他／她的房間。
- 不要坐到他／她的床上。
- 不要答應一起外出旅行或進旅社。
- 不要喝酒或其他「來路不明」的飲料。

同居或試婚，有助於未來的婚姻幸福嗎？

如果對方要求與你同居或試婚，你得先想好可能的後果或結局：

· 對於感情的增進一定有幫助嗎？

· 能否確定是安全的性行為？

· 懷孕了怎麼辦？

· 因懷孕而結婚是最好的方式嗎？

· 若選擇墮胎，又會有哪些後遺症（包括心理創傷）？

· 上述情感挫敗的陰影，會否影響日後的愛情與婚姻？

不少人以為「同居」才有機會了解對方，利於將來的婚姻生活。實際上，住在一起後會發現，彼此的個性及生活習慣差異太大，結果反而「提前結束」戀情。扣除掉傷心難過及財物損失，「因了解而分開」，應該也算是同居的優點之一吧！

有些人以為「同居」可省去麻煩的姻親互動，沒有婆媳問題、娘家或婆家的紛爭。但也因沒有法律保障，所以無法真正擁有對方。在身心還不夠成熟時同居，弊端通常超過自己所能承擔。不小心懷孕時，因沒有經濟條件及教養能力，通常選擇墮胎。即使「奉子成婚」，仍是殘缺的結合，離婚及單親教養的可能性極高。沒有準備好的婚姻會衍生許多問題，如：夫妻及婆媳間容易爭執甚至家暴，子女得不到適當的照顧及管教。

插圖／胡鈞怡

♥ 怎樣才是真正「安全的性行為」？

　　戀愛時若懂得選擇「對的人」，就能避免大多數不應該發生的性行為。但無論如何學校還是要教學生避孕措施，不能避而不談或一味嚴格禁慾。因為他們還是會從其他管道學習或嘗試錯誤，結果適得其反。關於避孕，首先要更正一些錯誤的性知識，如：

1	**性行為後只要不斷跳動，就可避免懷孕。（×）** 精子一旦進入體內，就會遍布陰道和子宮壁，不管怎麼跳，都無法把精子排得一隻不剩。
2	**安全期內不會懷孕。（×）** 除非月經週期很正常，可惜多數人的經期並非分秒不差。所以當你自認在安全期，卻可能正好排卵，結果安全期變成危險期。
3	**以可樂、檸檬汁沖洗陰道或用清潔液，可以「殺精」。（×）** 射精的那一剎那，精子已衝進陰道，事後沖洗已來不及。唯有儘快服用事後避孕藥，才可以高劑量的黃體素抑制排卵、改變子宮內膜環境而避孕。性行為後0～24小時避孕成功率達90%，24～48小時約略70%，而48～72小時只剩50%的避孕效果。但切忌每次服用，會導致經期紊亂。肝功能異常的女性不適合服用，少數婦女會有乳房脹痛、嘔吐、點狀出血的副作用。
4	**口服避孕藥的避孕成功率高於使用保險套避孕。（○）** 統計上保險套的避孕成功率為85～92%，合法上市且正常使用的口服避孕藥的避孕成功率98～99%。
5	**女性在月經期間不會懷孕。（×）** 不是有出血就是月經，有時是排卵性出血。甚至可能是已經受孕，在著床期間出血。若排卵性出血時有性生活，就可能受孕。

2007年，行政院公布台灣15～19歲青少年墮胎率爲5.58‰，高出韓國近2.5倍、日本1.3倍。2007年，台灣有16.2%的新生兒是15～24歲的年輕媽媽未婚懷孕所生。台灣幸福教育協會關心青少年未婚懷孕、墮胎，進而衍生中斷學業、棄兒或虐兒等問題。於2011年響應「世界避孕日」（9月26日），公布全球三十國避孕調查。全球15～24歲女性首次性行爲約四成八未避孕，台灣則爲五成六，排名全球第三，僅次於泰國和中國，**顯示台灣女性缺乏自我保護意識。**

　　未避孕的原因二成六是避孕措施不方便取得，一成四是性伴侶不要使用保險套，一成三是認爲沒有懷孕風險。不少人以「體外射精」來避孕，但這樣做的懷孕風險很高。有人擔心吃避孕藥會變胖、長痘痘，甚至可能致癌。其實低劑量避孕藥的效果很好，不會改變體型、膚質或致癌。**各地衛生所及台灣婦幼衛生協會，都以最便宜的價格販售保險套及避孕藥，不限年齡及婚姻狀況。**

實境與解析

　　台灣幸福教育協會發現，台灣有太多年輕人在經濟、人生規劃都沒準備好的情況下就當了爸媽，付出了與年齡不符合的慘痛代價。如果教育能幫助青少年了解真實的愛情，在人生不同的階段做正確的選擇，必能替社會增加更多「幸福人口」。雖然不少青少年認爲「若意外懷孕就要負責任並把孩子生下」，但真實面對意外懷孕時，選擇墮胎的比例仍占多數。

　　對大學女生的避孕調查發現（詹建富，2008），比起八年前，女大生有性經驗的比率從18%上升至35%，依靠男性戴保險套比率卻從61.1%

下降至54.2%，性行為時多半會戴套的比率，也從72%降至51%。僅27%受訪者，每次都會要求對方戴保險套。男友不戴套的大學女生，73%會吃事後避孕藥補救。

女性應掌握避孕自主權，並謹守「若不戴套，事後服藥」的關鍵防線；以免需要人工流產時，傷身又傷心。且**不要輕易被男伴以奇怪的理由說服，而允許他不戴套或等到快要射精時再戴。**

♥ 愛滋或性病應如何預防？

在KTV、PUB等處與不熟悉的人發生一夜情，而且沒有戴保險套，很可能感染愛滋或性病。性病的傳染率很高，若感染了還照樣從事不安全的性行為，就會將病毒再傳給下一個人。性行為有感染性病的絕高風險，包括「口交」，會有黏膜接觸及體液交換，是絕佳的傳染媒介。

衛生署疾病管制局統計至2013年1月為止，國內愛滋感染人數為22,155人，已發病者為8,500人，盛行率約為成年人口的1‰。推估每年有二千多名新增病例，平均每天有5、6人；20～49歲占89%，男性占92.58%。**感染者的年齡層逐年往下降，24歲以下感染者每年達500～600例。**

HIV病毒（全名為「人類免疫不全病毒」）是一種專門感染人體內淋巴細胞的病毒，病毒會逐漸破壞免疫系統。當免疫力下降到某個程度時，便容易受到環境中各種病原的感染或發展出某幾種特殊的癌症，在臨床上稱為愛滋病（AIDS，全名為「後天免疫缺乏症候群」）。從感染到有症狀發病，快則半年慢則十幾年，平均約六

至八年。愛滋病可說是一種慢性感染，感染後不會立即發病，稱之為「感染者」。外觀、身體狀況沒有特殊症狀，但已有傳染給他人的可能性。

愛滋病毒感染有檢驗不出來的「空窗期」（感染後六至十二週），但患者體內的病毒量已達到最高，傳染力強；多數患者沒有症狀或症狀不特殊，容易被疏忽或診斷成一般感冒。使用快速核酸鑑定，空窗期可縮短到七至十四天。為免民眾擔心隱私曝光，衛生署疾病管制局在全國三十四家指定醫院推行匿名篩檢。

感染性病方面，根據衛生署疾病管制局資料顯示，梅毒每年新增六千名病例，淋病新增二千名病例，主要好發於20～35歲，通常城市比鄉村盛行、男性多於女性。男性染淋病九成會出現症狀，女性僅一成有症狀。多數女性患者可能連排尿都無異狀，非常容易被忽略，但後遺症卻不小。**淋病一旦感染至輸卵管、卵巢，造成輸卵管阻塞，將有二至三成的風險導致不孕。**

衛生署疾病管制局統計發現，絕大多數感染性病及HIV者，從事性行為都沒有做好防護措施。與不安全的性對象做無保護的性行為，包括與性生活史不清楚、性病患者、未確知是否感染性病或愛滋病毒的人，發生肛交、口交、陰交等性行為。保險套雖然是預防性病最好的方法，並不是萬無一失。一定要全程使用，如果沒有完全套入或性交一半才使用，或是射精後還有性交動作，都有染病的風險。戴保險套後如果錯用了油性潤滑劑，如嬰兒油、乳液、沐浴乳、凡士林等，可能使保險套腐蝕或破損，失去保護作用。

性伴侶的一方得到性病，另一方一定要同時接受檢查及治療，才能徹底治癒。臨床上不少男性淋病患者偷情染病，又和原來的伴侶發生性行為，導致伴侶也被感染。但女性感染後無症狀，而男性出現症狀則偷偷去治療。男性痊癒了，和無症狀的女性伴侶性交後又染病，這就是所謂的「乒乓球式感染」。

 懷孕了怎麼辦？

　　在性行為中避孕失敗或一時疏忽以致懷孕，該怎麼辦？奉子成婚、墮胎、出養、成為未婚媽媽？最糟的是，生下後丟棄，類似的社會新聞並不少見；令人對懷孕的年輕媽媽及周遭家人的無知與輕忽，感到震驚與難過。

　　報載（陳麗婷，2011），台灣一年墮胎人次恐高達50萬。行政院衛生署國民健康局副局長趙坤郁於2011年6月表示，根據近三年來每年人工流產加上使用墮胎藥平均人次，一年墮胎約達24萬人次。趙坤郁說，以健保局人工流產資料分析，除了民國93年21萬437人次，民國95年到98年都在18萬至19萬人次。依據行政院衛生署食品藥物管理局RU486平均使用人次顯示，近三年來每年平均約4萬至5萬人次。也就是一年的墮胎人次約24萬，不包括透過地下管道墮胎的個案。

實境與解析

　　2014年2月，勵馨基金會公布，台灣青少年未婚懷孕比例居亞洲之冠。台灣少子化日益嚴重，但青少女非預期懷孕、墮胎卻未曾減少。勵馨基金會將進入校園宣導，幫助更多徬徨的青少年／女走出困境。使少男、少女對自己的身體多一些自覺與自主，懂得對自己的行為負責。

　　內政部2012年統計，國內每100名嬰兒中，有5位是未成年少女所生。勵馨基金會指出，台灣青少女生育率高達12.95‰，超過日本的

4‰、韓國的2.8‰、新加坡的8‰。墮胎的人數也逐年增加，顯見青少年對於安全性行為的觀念仍十分薄弱，未成年青少女面對非預期懷孕問題相當無助。

微電影《美人魚》能夠引起青少年關注，進而對於未成年懷孕問題有更清楚的認識及深入思考。倘若發生非預期懷孕狀況時切莫慌張，或急亂墮胎處理。勵馨建議可上未成年懷孕求助網站www.257085.org.tw，或青少女懷孕求助專線0800-25-7085（勵馨基金會）等求助。

據內政部人口統計資料顯示，103年1～11月婚生子女計18萬2,121人占96.24%，非婚生子女7,103人占3.75%，較102年同期減少0.26個百分點。非婚生嬰兒占出生人數以台東縣11.01%最高，花蓮縣10.21%次之，基隆市5.80%居第三。

未成年懷孕（依民法規定為未滿20歲），依優生保健法規定，徵得監護人同意後可「合法墮胎」。但**墮胎容易引起併發症及後遺症，若沒有專業的心理輔導，恐怕會在心頭留下陰影，並可能重蹈覆轍。**若為非法墮胎，風險更不可預測；萬一發生事故，誰來為你負責？

未婚懷孕時，親朋好友的慰藉和鼓勵，是很重要的一環。否則這些懷孕少女得不到支持，可能導致不幸的結果，如：棄嬰、殺嬰、身心重創。為了協助及照顧懷孕的未婚媽媽，大家都要保持好心情，為新生命負起責任。**並與懷孕母親及其家人討論，「以嬰兒最佳利益」為考量的未來安置。**

若是已成年懷孕，又該如何考量？生下來自己養，不但家人可能不諒解，而且在沒有經濟能力的情況下，未婚媽媽可能因此輟學。沒有好的學歷，找不到穩定及收入較好的工作，不僅生活品

質不佳。而且非婚生子對孩子所造成的負面標籤，還有日後與親生父親（包括爺爺奶奶）的關係與相處，都是難解的習題。**正因為你已成年，所以提醒你，要有足夠的理智來面對非婚生子的問題**；若你覺得無法解決上述困境，就要做好避孕措施，尤其不能跟「錯的人」（不那麼愛你，也不肯負責的人）發生性行為。

即使決定結婚，也不見得是最佳方案，原因包括：年齡太輕、還在求學階段、沒有經濟基礎、感情基礎還不穩固、對方的家人不諒解等。如果輕率結婚，之後互相爭執、家暴及離婚的機率都極高。一旦成為單親父母，不僅撫養小孩加倍辛苦、物質環境匱乏；而且**單親父母的負面情緒或心理不平衡，不僅是自己痛苦，也會造成下一代一輩子的心理陰影，不知道哪一天會爆發**。

第二篇

分手藝術

——好聚好散

Chapter 7

你若勇敢愛了就要勇敢分
——分手的真相與訣竅

第一節　若愛已變質

　　不是所有戀情都「必須」或「必能」修成正果，即使走上紅毯、宣誓過「我願意」的人，仍有不少感情變調、不堪同居而離婚。所以，**戀愛時的分手，不一定是件壞事，甚至可說是尋找幸福過程中的必經之路。**

　　分手是一段感情經過試探後，發現不太適合，試著修正錯誤後仍行不通，於是必須「停止」的歷程。然後才能再出發與重新探索，直到找到「對的人」為止。經過這種良性循環，愛情應較為穩固、不盲目。

　　所以，談戀愛時的步調宜放慢些，不要太密切的相處。給自己一段「試驗期」（至少一至三個月），保持適當的距離，更能看清對方的裡裡外外。覺得不適合時，分開也會較容易及安全。

　　可惜多半人都被愛情沖昏了頭，急於宣布與誰在一起、有多甜蜜。過於投入之後，才發現對方沒法跟你「同調」或「共鳴」。在**「迷途知返」的最後關頭，還來得及提醒自己：當初的「愛」是自己的選擇，如今的「分」也要自我負責，果斷、勇敢些吧！**如林憶蓮演唱的歌曲〈傷痕〉（作詞／作曲／李宗盛）：

　　若愛得深，會不能平衡；為情困，磨折了靈魂。
　　該愛就愛，該恨的就恨，要為自己保留幾分。
　　雖然愛是種責任，給要給得完整，有時愛美在無法永恆。
　　愛有多銷魂，就有多傷人；你若勇敢愛了，就要勇敢分。

　　若能把持「好聚好散」的原則，分手的傷害將可降到最低；還能從中學到寶貴的功課，有能量重新站起來，日後走得更穩更遠。

「好聚好散」是指不僅爲曾擁有的美好而「謝謝你曾經愛我」，更能理性的權衡損益，知道在一起苦多於樂，所以「謝謝你不再愛我」或「我不想對不起你」。一般人以爲愛情是「得之我幸，不得我命」，其實應該是「得之我命，不得我幸」。

❤ 其實該分手了

在一起是「命中注定我愛你」，反之則代表不適合；強求只是相互折磨，趁早分手反而才是給對方幸福。如果能培養這份理性，痛苦指數會隨之下降，如下面這個實例：

實境與解析

　　阿丞和女友剛認識時，覺得彼此的共通點很多，所以感情進展得很快。但在一起之後，開始浮現愈來愈大的差異，兩人的戀情也逐漸變了調。

　　首先是女友覺得約會應由男性付錢，阿丞則認爲該各付各的。因爲阿丞是學生，並沒有打工，生活費都由父母供應。女友和他幾乎天天在一起，如果一日三餐都是阿丞支付，經濟壓力實在太大。而且女友要他買東西時的態度及口吻都不好，女友說：「男朋友就該百依百順，否則分手。」阿丞儘量符合她的要求，但她仍常常鬧脾氣、說她不適合我。

　　每次發生衝突後，阿丞會找朋友訴苦；但女友看他line的對話後，說不喜歡他亂告狀。阿丞想跟她溝通，但女友又不開心；慢慢的，阿丞愈來愈不敢跟她溝通，也沒力氣再哄女友了。

　　分手後，阿丞仍會想起女友的好，很捨不得、放不下，覺得是不是自己付出太少。女友想要復合，但阿丞已不想再繼續，也許痛個一段日子終究會走出來吧！

失戀並不如想像中的痛苦，倒是可以讓你更加了解自己，發現自己**離開一個不夠愛你的人之後，就像破繭而出的蝴蝶，一切都好了起來**。你會更喜歡自己，更積極和人交往。家人關係、室友關係、同學關係，都比從前更親密。雖然偶爾可能失眠，但比起生活有了本質的突破，失戀還是值得的。

讓過去的朋友看到你新的樣子而瞠目結舌吧！該高興自己當時所做的分手決定。否則，現在的你仍是那個灰頭土臉、深感自卑的可憐人。

❤ 發現對方背叛時

較困難的分手是你們看來很穩定、你覺得不會有問題，卻出現危機。如果你懷疑對方變心，而他／她卻一再解釋絕無第三者，事情的真相到底為何？

可能是你對自己沒有信心，因而「反應過度」。你總想時時刻刻和他／她「黏在一起」，維持「熱戀」狀態，否則就沒有安全感。但這麼緊密的關係，終有一天會讓對方無法忍受這「占有之愛」而想與你分手。

可能對方騙你，或他／她還不確定自己的選擇。這時你要進行調查或是給他時間想清楚？還是得看你對彼此的感情有沒有信心，以及你有沒有沉得住氣、不吵不鬧的修為。

若確實發現對方「背叛」，或對方親口說出愛上了別人，這時又該怎麼辦？也許有下列「路徑」可以思考：

①要責怪第三者嗎？

除了是情緒宣洩及怨恨之外，有什麼好處？如果去「騷擾」他／她或破壞他們的感情，除了出一口氣及浪費時間與力氣之外，對你們

的感情有何幫助？

②要分手或是挽回？

該仔細分析各自的利弊得失。

③如果對方道歉及希望復合，你能原諒嗎？

就算原諒對方，背叛的陰影及擔心他／她可能再背叛，這份「疑心」會否動搖彼此的關係？

④如果你想挽回但對方無意回頭

你還會努力嗎？或你覺得懇求他／她留下來很沒尊嚴？你只是不甘心自己輸給第三者，而要把他／她搶回來？搶回來之後你會主動甩了他／她，除了達成報復目的，你真的快樂嗎？

⑤分手也可能喜劇收場

不管他／她是否背叛，其實你也想分手了，只是不想當「負心漢（女）」。恰好他／她先提出分手，你正好順水推舟，還可稍稍表演難過的樣子，讓對方有虧欠感。

實境與解析

2014年，知名作家九把刀被發現與女記者上汽車旅館。他立刻開記者會坦言劈腿，並向社會大眾道歉：「我感覺痛苦和難過，我就是很差勁的人，找不到藉口和理由替我說什麼。」還說：「我很喜歡這個女孩子（指女記者），但在愛情選擇上，我希望未來是跟女朋友（交往九年的小內）。」

九把刀在臉書PO文：

這一次，在愛情裡背叛，過去我對認同的社會價值所付出的努力與奉獻，也一併被懷疑被嘲諷，瞬間翻轉成人格虛偽的積極證據，我很痛苦難過，但我明白這是我應該得到的人格毀滅，所有的批評我都無話可說，都是我自己犯錯導致的結果。

那一天晚上，我向女友坦承一切與不斷道歉時，她雖然非常傷心，最後仍看著我說了一句很溫柔的話，我心中無限後悔，比起她用力生氣罵我，更讓我慚愧不已，我真的真的很想跟她回到最單純的划龍舟生活。

九把刀在第一時間向女友小内公開道歉，也爭取到女友的原諒。獲得女友同意，他在臉書寫了長達3,676字懺情文，重點摘錄如下：

我曾經有一段時間，心不完全在小内身上，我跟「女記者」（本文將原姓名改稱女記者）擁有過一場感情。我與她因為工作常接觸的關係，一直很有話聊，每次出去看電影或吃飯我都沒有事先跟女友報備，因為我心中並不坦然，我知道，自己已經喜歡上了這個女孩，也希望「女記者」可以跟我有一樣的感覺。

小内有她跟我相處的特殊之道，我們其實比外界想像的要快速回到原來的感情，一直以來她都很有真正的智慧，一開始她當然大發雷霆，要我好好坦承發生的一切，可就在我歷經了極震撼的有問必答後，她希望我寫一張溫暖的卡片給她，此後抬頭挺胸好好跟她相處，以前怎麼跟她說話，現在就一樣怎麼跟她聊天，以前怎麼跟她開玩笑，現在就怎麼捉弄她，不要因為犯了錯就整天搖尾乞憐，人生還很長，只有真正坦率活下去的我才是她心中的我。我犯了錯，但她拯救了我。

如果你是小內，有辦法「大度」接納九把刀的錯，用最大的包容來「拯救」他嗎？其實，單身男女想和誰交往或和誰結婚，還擁有自主權，只要當事人衡量清楚、不自誤誤人即可。也就是說，最重要的是：**由自己決定分手或挽留**，一切後果自行承擔。不必等待對方給你答案，**不要把幸福與否的權利交給對方**。

❤ 不一定會分手

　　想分手不是一通簡訊或留言（包括刪除臉書）就能了事，要好好談談。也許深談之後會發現，不一定要分手。還可以給彼此一些機會，試著調和差異與衝突。任何人際關係要穩固，像建築物一般，需要足夠的地基與維護；也就是要有足夠的付出，或稱「人際存款」與「愛的存款」，如梁靜茹演唱的歌曲〈愛久見人心〉：

　　別人怎麼說我都不介意，我愛不愛你，日久見人心。
　　存一寸光陰換一個世紀，摘一片苦心釀一滴蜂蜜。
　　用盡了全力只為在一起，我愛不愛你，愛久見人心。

　　動力火車演唱的〈我給你幸福〉，更是傳神：

　　寧願像個神燈，你的夢都想去完成。
　　你是我的美好我的責任，真愛讓人無所不能。

　　為了愛情，可把自己變成「神燈」，以夠濃郁的愛，讓所愛的人心情開朗、心平氣和。

　　我只要你靠近看清楚，我的情感到什麼濃度。
　　當你眼睛起霧，感動會在心裡跳最美的舞。
　　我只要你在愛的沿路，感受一個晴朗的國度。

當你腳步停住，情緒都被照顧、不再起伏，我給你幸福。

分手前，要重新審視自己對愛情的責任，尋求或學習改善的方式；而非立即停止這段關係，開啟新的愛情。眼前的問題沒有解決，下一段戀愛時仍會重演。逃避或改變環境，絕非解決問題的第一步行動或唯一可做的事情。

提分手的一方，不一定就擁有主導權；聽到分手訊息的你，仍可以「逆轉勝」。聽到對方說要分手，你不必歇斯底里、情緒失控；若能理性、冷靜的聆聽對方的理由，再有技巧的說服對方、澄清某些誤會，最後可能不會分手。

你可以提醒對方，新對象不一定是真能給他／她幸福的人；而你更要證明，自己才是真能做到「我給你幸福」的那個人。告訴對方不必急著做決定，再一段時間的「緩衝期」（大約一兩個月）。這段期間其實也是你的抉擇與觀察期，到時候，也許對方不要分手，反而是你決定不要繼續在一起。

❤ 分手後學習「放下」

為什麼有人禁不起分手打擊，而選擇自殺？「五月天」樂團有首歌〈而我知道〉：

而我知道那真愛不一定能白頭到老，
而我知道有一天你可能就這麼走掉，
而我知道我知道這一切我全都知道，我就是受不了。

雖然「受不了」（當然也無需偽裝及壓抑），還是要設法情緒抒發與身心調適。也許再撐一下，就能熬過最痛苦的階段。試試蕭煌奇所唱的〈只能勇敢〉（Brave Heart）（作詞／姚若龍，作曲／

蕭煌奇）：

> 我只能勇敢學習釋然，把情人的淚還有責備全部承擔。
> 從不習慣對曾經熾熱的愛情，分手就冷淡。
> 我只能勇敢學習釋然，把離別的苦思念的酸都看淡。
> 人總要習慣生命就是一站一站，不斷在轉換。

自殺不能解決問題，求救並非弱者，此時可以撥打安心專線：0800-788-995（0800-請幫幫－救救我）、張老師專線：1980。或找你的良師益友傾訴，聽聽他們的人生經驗與智慧。最悲慘的莫過於自殺之外，還連累了不相干的人；如下面這個舉世震驚、痛苦萬分的案例：

實境與解析

2015年，「德國之翼」客機副機師盧比茲蓄意駕機撞山，帶著149人陪葬。德國報紙報導，27歲的盧比茲可能剛與女友分手，以及盧比茲患有未向雇主透露的疾病。2009年他曾中斷尋求機師執照，被診斷為「嚴重憂鬱發作」。

陷入憂鬱的人可能處於生死決定的邊緣，只要一個負面打擊，就足以使他們以為世界沒有希望。憂鬱症最嚴重的時候，令人覺得生命完全沒有價值，不止對他們而已，而是對所有人都如此。

他擔任空服員的前女友瑪莉接受報紙訪問時透露，盧比茲常做惡夢，有時半夜會尖叫「我們正在下墜」然後驚醒，「聊天時會突然發怒，突然大聲說話，讓我很害怕，他甚至曾把我鎖在浴室裡面好一會兒。」這些行徑讓瑪莉不安，導致兩人分手。

　　瑪莉說：「我們聊了很多關於工作的事，他講到一些情況時就變得激動，像是必須工作、錢太少、擔心合約以及壓力太大。」她說，盧比茲若蓄意撞毀飛機，「那是因為他知道自己的健康問題無法擔任（德翼母公司）漢莎航空的長途機長一職，那是他夢寐以求的職務。」

　　男性較常承受「男兒有淚不輕彈」的社會壓力，不好意思示弱，只能將情緒深深隱藏起來。也許不少堅強的女性也是如此，但悲傷不會因此消失，壓抑及累積反使負面情緒愈來愈強烈。可以找「良師益友」談談，或以其他建設性的方式，轉換視野與思考角度，為情緒找出口。建議如下：

①承認及接受自己的負面心情，但要設定「停損點」

　　也就是允許自己再傷心、憤怒、沮喪、自卑一段日子，到「截止日期」，就要停止這些負面情緒。這段療傷時期（一個月吧），可以每天寫封信或日記激勵自己。

②不要自責，不要將錯誤完全承擔

　　反而更要讚美自己、穩固自信。不要因為自己的負面心態，造成「多次傷害」。《分手圖存記》（劉芸譯，2006，頁212）一書說：「我希望妳可以盡所能的從這段關係和分手過程中學到經驗，更希望妳能從自己身上得到更多體會，了解自己多麼堅強、多麼聰明、多麼漂亮、多麼風趣、多麼值得得到一個最特別的愛。」

③找好朋友吃個飯、喝杯咖啡，詳細告訴他們你的困擾（多找幾位）

　　好朋友就是會聆聽且支持，絕不會說教或評論你的人。失戀時你才會發現好朋友的存在，以前你忘了人家，但好朋友卻從未離你

而去。

④寫封信給他／她，可以的話請不要寄出

寫信的重點在於抒發自己的心情及對他／她喊話，而非自我憐憫或痛斥對方多麼狠心。因為若非他／她那麼不在乎你，現在也不會這麼傷心了。而且他／她可能「但見新人笑，那聞舊人哭」（杜甫的詩〈佳人〉），無法理解你的痛苦。

⑤不要胡思亂想的方法之一是——做其他的事情

如：打掃房間、唱歌、看喜劇片、靜坐、聽音樂、看書。你會發現，原來談戀愛擔誤了你那麼多事情。這些事其實比戀愛更重要、更容易使你快樂，為什麼你從前都忽略了它們的價值？

⑥不要半夜打電話給他／她，或等在他／她家門口

這樣只會顯得自己更可悲，而且受辱之後更容易做傻事。不要想要報復，包括自我傷害；做這些事都只是逞一時之快，事後更加痛苦、難堪。不如學習辛曉琪所唱的〈領悟〉（作詞／作曲／李宗盛）：

> 我以為我會報復，但是我沒有。
> 當我看到我深愛過的男人，竟然像孩子一樣無助。
> 這何嘗不是一種領悟，讓你把自己看清楚。
> 被愛是奢侈的幸福，可惜你從來不在乎。

⑦找專業人員諮詢或心理輔導

若久久無法釋懷，已嚴重影響到睡眠、飲食與心情，甚至想要做些「要別人記得的大事」，就須儘快求助心理輔導專業或身心科。因為擺脫不掉「他／她為什麼要這麼對待我？」的強迫念頭，所以做不到：「如果對方已經變心，這段感情就無力扭轉了。」這

時你需要專業協助你釐清問題，重新找到正確的方向。

　　心輔人員可能建議你嘗試挽回（至少挽救自尊與自信），但除非有相當的智慧與技巧，否則分分合合、不乾不脆，日後仍會以分手收場。不如保持樂觀，當不成情人至少還是朋友。如陳奕迅所唱的〈十年〉（作詞／林夕，作曲／陳小霞）：

懷抱既然不能逗留，何不在離開的時候，一邊享受一邊淚流。
十年之後我們是朋友，還可以問候；只是那種溫柔，再也找不到擁抱的理由，情人最後難免淪為朋友。

　　或是學習蘇打綠樂團，青峰所唱的〈再遇見〉（作詞／作曲／吳青峰），能夠自我反省與解脫：

忽然之間，你忽略的、我忽略的所有細節，當初的猜疑好奇、愛恨痴嗔卻已走遠。忽然之間，你發現的、我發現的所有改變，當初的微笑眼淚、喜怒哀樂都已拋在昨天。

　　甚至，同情對方還停在原點；感謝對方的離開，給了自己成長的機會：

而你，在離開我之後，還停在原點；而我，在離開你之後，不斷往前飛。
轉眼之間，我的世界，一步一步越走越遠。
一念之間，想對你傷害我的一切，說聲：謝謝、謝謝、謝謝、謝謝。

插圖／胡鈞怡

第二節　建設性或和平分手

分手最好「有跡可循」，避免突然提出。尤其要選對時機，不要在對方不如意或身心狀況不好時談分手。可先以書信方式溝通、解釋，打個預防針或巧放試探氣球，避免直接衝突。分手前最好多請教有智慧、有經驗的師長、學長，協助釐清分手的原因、找到較佳的分手策略。提出分手後，就不要再藕斷絲連，反讓彼此的關係變得曖昧不明。

接到分手訊息的一方，也不必只是被動承受；一樣要學著怎麼治癒分手的傷害，如A-Lin所唱〈分手需要練習的〉（作詞／何啟弘，作曲／施佳陽）：

原來分手是需要練習的，等時間久了會變勇敢的。
你慢慢出走，我漸漸放手，這不就是我們要的自由。
原來分手是需要練習的，等傷口好了會變輕鬆的。
海闊天空，不殘留一點痛。

❤ 圓滿的分手

分手的理由很多，細細檢討起來，雙方都可以從中學習與成長：

①若是個性不合，或許可做部分調整

人的個性本就是獨特的，透過溝通可更加了解或欣賞對方，發揮截長補短、相輔相成的效果。但若個性實在不合、相似度過低，就不應繼續偽裝與遷就。

②若是感覺變淡，可能是對自己缺乏信心

　　很怕對方不像從前那麼愛你，但你抓得愈緊緊，反使他／她更想掙脫。所以關鍵在於自信，否則仍抓不住任何不屬於你的愛情。

③若對方背叛，不必過於憤怒，也許彼此早有問題存在

　　因平時沒有好好經營情感，或對方本就不是信守承諾的人，才給第三者有機可乘，在關鍵時刻顯現彼此的關係不堪一擊。

④若是溝通不良，則可能因自己或對方的溝通素養與技巧不足

　　這是平常就要調整及學習的地方，拖到分手這一刻才改過，通常來不及了。

　　但為了不要在同一個地方摔倒兩次，為了找到自己的幸福，還是要努力改進自己的溝通素養與技巧。

　　確定要與對方分手時，應以不傷害對方自尊、自信的方式，分次及漸層的告知。即使對方生氣、激動，仍要耐心應對。若對方情緒失控，則要有技巧的停止與離開，以保護雙方的人身安全。若擔心他／她可能跟蹤或報復，則要將此事告知父母或學校的輔導單位，以免造成憾事。

　　「好聚好散」、「祝你幸福」，真的很難做到嗎？看看下面的實例：

實境與解析

　　奧運金牌選手朱木炎與跆拳道「美少女」楊淑君（現已改名楊宜蓁），在國內體壇曾有「神鵰俠侶」之稱。但2008年12月，楊淑君親口

說出長達五年的「朱楊戀」已經結束。楊淑君面對媒體承認有新男友，記者問：「分手會難過嗎？」楊淑君笑說：「不會。大家好好談分手，沒有拳腳相向。」

2005年，朱木炎拿下奧運金牌後，傳出網友「雪兒」事件（因此被詐財一百多萬）。楊淑君的父母反對他們繼續交往，種下日後分手的因子。分手後楊淑君接受訪問時表示：「現在就是朋友，大家都是朋友！大家都有自己的目標，而且我們現在都還年輕，很多事情都很難說！」

隔年，楊淑君與大他十一歲的教練劉聰達一起參加美國拉斯維加斯跆拳道公開賽，意外冒出愛火。2010年，楊淑君代表台灣參加廣州亞運，劉聰達擔任教練陪同前往。楊淑君成績原大幅領先獲金在望，卻被裁判指她穿的電子襪涉嫌作弊，判定失格。楊淑君當場泣訴抗議，劉聰達立刻衝到場內抱著女友痛哭抗議。兩人攜手走過失格低潮，攜手再戰倫敦奧運，結果楊淑君表現失常，飽受各界批評，劉聰達出面扛起壓力。但兩人的戀情，至2012年倫敦奧運後結束，劉聰達透露分手是因雙方常為生活瑣事爭吵。

2014年元旦，楊淑君與中華職棒中信兄弟投手林煜清登記結婚，並於7月29日剖腹產下一子。她除了在台北市立大學任教，就是相夫教子、料理家務與照護幼兒，低調謝絕公開活動。

不是因為朱木炎與楊淑君為公眾人物，才要好聚好散。任何人都一樣，都應負責任地將一段戀情好好結束，不可不明不白、不告而別。「上台靠機會，下台靠智慧」，分手比告白更困難。不能只關心自己找到「對的人」，只顧自己快樂；同時也要幫助對方能「放手」，使他／她能與適合的人再「牽手」。

要真正「放手」（包括自己及對方），不讓分手變成悲劇，處理的步驟如下：

一、確定分手的原因

「被動」或「被迫」的分手，是指發現愛人變心、已不在乎你；與其讓對方繼續騙你，不如及早結束虛假的愛。「長痛不如短痛」，不要穿著「國王的新衣」自欺欺人。

「主動」或「自發」的分手，多半在熱戀、迷戀期過後，或經過多次衝突，「清醒」過來發現彼此某些差異大到無法調整。歹戲拖棚，何必浪費時間與心力？

也可能是你找到「真愛」，經過考慮之後才與「舊愛」提出分手。這樣算背叛嗎？對於「被甩」的人可能是，因為他／她「渾然不知」愛情已經變調，「突然」面對分手必然手足無措。對你來說，分手是必須的選擇與決定，你不願繼續「錯愛」而失去真正愛的人。**但仍請你避免「他／她『渾然不知』以及『突然』面對分手」這部分，以免進入愛情急診室，成為重症患者；然後再進手術室，弄成「生死未卜」的結局。這樣的分手，代價太高了。**

總之，分手前要想清楚，以免變成「放羊的孩子」。隨便拿分手當要脅或開玩笑，彼此的感情會在「分分合合」中消磨掉。

二、選擇較好的分手方式

有人以簡訊分手，為了不再心軟、斷得徹底，而從此避不見面。這彷彿拳擊賽中為了求勝，狠狠給對方致命的一擊；這樣的重創，可能讓他／她就此倒地不起。

或是以「招之即來，揮之即去」這類不尊重、自私的態度，對待自己不在乎的人。對你來說「揮一揮衣袖，不帶走一片雲彩」是瀟灑，對於他／她卻嚴重傷及自尊與自信。

分手時，無論如何都要將傷害降至最低，不要將自己的快樂

建築在別人的痛苦上。最好當面談分手（或有雙方信任的師友陪同），能「分批」多談幾次更佳。一定要鄭重表達自己的歉意（不論是不是你對不起他／她），或以「善意的謊言」（避重就輕），讓對方較容易接受這樣的結局。

好好分手對雙方都有好處，可幫助彼此真正放下這段感情。否則，若有一方不甘不願，不僅他／她感到痛苦，無處宣洩的憤恨也會波及到你（強度可能達「巨浪」到「海嘯」的等級）。如果對方採取毀滅性行為——自殺或傷害你，此時就後悔莫及、遺憾終身了。**所以提出分手的一方，得根據對方的個性，慎選較適合的方式。總之，「事緩則圓」、「以柔克剛」較為安全。**

分手時不要翻舊帳，或以難堪的言語激怒對方，以免招禍。其實分手的處理，是一個很好的學習機會：

1. 可以學習到不刺激對方的方式，來化解人際問題。
2. 可以學習到檢討與改變自己對情感的態度，不再把感情看得太重。
3. 可以學習到真正認識一個人，不再活在夢幻當中。
4. 可以學習到更加認識及調整自己，因為分手不是誰的錯，雙方都有責任。

♥ 避免「不理性的分手」

如何避免分手時「一方」或「雙方」受到傷害？這一定得靠「理性」來克制。提出分手的一方要理性，千萬不要過於「直接了當」（殺傷力太強）而激怒對方。如：表明自己已有新男（女）友，已與新男（女）友密切互動。甚至拿兩人相互比較（當然是新的比較好）。最糟的是，新男（女）友（而且是自己認識的人）還

陪著來談分手。

不要單獨赴約或到僻靜無人處，把自己推入險境。以免萬一對方情緒失控，不論是自殺或施暴，後果均不堪設想。

不能理性分手的悲劇，除了身心受創，還可能名譽受損。如報載，經常發生分手後某方（通常是男性）為了報復，散布對方裸照或將雙方性愛影片PO上網的事件（甚至還公布對方的姓名和學校）。這樣做實在很不明智，不僅傷害對方、不可能挽回情感，還會觸犯刑法的恐嚇、妨害名譽、妨害秘密等罪。

刑法第305條（恐嚇危害安全罪）

「以加害生命、身體、自由、名譽、財產之事，恐嚇他人致生危害於安全者，處二年以下有期徒刑、拘役或三百元以下罰金。」妨害名譽包含公然侮辱罪、毀謗罪、毀謗死者及妨害信用，都屬告訴乃論。

刑法第309條（公然侮辱罪）

「公然侮辱人者，處拘役或三百元以下罰金。

以強暴犯前項之罪者，處一年以下有期徒刑、拘役或五百元以下罰金。」

刑法第310條（誹謗罪）

「意圖散布於眾，而指摘或傳述足以毀損他人名譽之事者，為誹謗罪，處一年以下有期徒刑、拘役或五百元以下罰金。

散布文字、圖畫犯前項之罪者，處二年以下有期徒刑、拘役或一千元以下罰金。

對於所誹謗之事，能證明其為真實者，不罰。但涉於私德而與公共利益無關者，不在此限。」

刑法第315-1條（妨害秘密罪）

「有下列行為之一者，處三年以下有期徒刑、拘役或三十萬元以下罰金：

一、無故利用工具或設備窺視、竊聽他人非公開之活動、言論、談話或身體隱私部位者。

二、無故以錄音、照相、錄影或電磁紀錄竊錄他人非公開之活動、言論、談話或身體隱私部位者。」

「理性分手」還有一些必要的防範措施：

1.應婉轉的提出，勿激怒對方，擬妥安全的分手計畫。

2.分手談判要選擇公開場合，並由親友陪同（可隱身於附近），勿單獨赴約。

3.若兩人曾同居且對方有暴力傾向，可向法院聲請保護令。

4.要讓家人了解你們的交往情形，告知家人你們要分手的訊息。

5.必要時，須搬家、換手機號碼、改變出門及回家路線，甚至是換工作，以避免對方找到你。

Chapter 8

拒絕性騷擾、性侵害與性霸凌

第一節　辨識性騷擾、性侵害與性霸凌

對於性騷擾、性侵害與性霸凌的定義，依據「性別平等教育法」（民國93年公布民國102年修正）及相關法規，以避免其中的模糊地帶。戀愛時，為何要認識性騷擾、性侵害與性霸凌？因為，這三者並不是愛情，而是傷害與偏見。若不及早釐清，會使自己誤入愛情陷阱，甚至墜入萬丈深淵。

♥ 性侵害的辨識

性侵害是指「性侵害犯罪防治法」（民國100年修訂）所稱性侵害犯罪之行為。觸犯刑法第十六章「妨害性自主罪」，包括：強制性交罪、強制猥褻罪、乘機性交猥褻罪（利用其心神喪失、精神耗弱、身心障礙或其他相類之情形，不能或不知抗拒而為性交者）、公然猥褻罪等。

戀愛時為何要擔心「性侵害」？已發生多起青年男女被迫發生性親密行為的刑事案件，性侵者可能是網友或還不夠熟識的朋友（如KTV唱歌、聚餐、聯誼）。別有用心的人，會藉由你的單純與對愛情的憧憬，設計讓你意亂情迷的情境（包括用藥、酒），使你在無力反抗或無效反抗之下被對方性侵得逞，甚至強拍裸照或性愛光碟。更糟的是，事後你發現自己感染了性病、愛滋與懷孕等；最糟的是，還不知道加害者是誰（你自己或大家都喝醉了）。**這些悔不當初、難以收拾的後果，遠遠超過一時的歡愉。**

如果是認識的人、喜歡的人，怎樣才算性侵害？

如果兩個中學生發生性關係，兩人都未滿14歲，其中一方並不願意有性關係，另一方有何法律責任？如果是兩情相悅，有否法律責任？

兩個未滿14歲的中學生發生性關係，不論當事人是否願意，都符合刑法第227條所規定「對於未滿十四歲之男女為性交」的情節。但因加害人未滿18歲，依刑法第229條之1規定，屬於告訴乃論。所以如果不願意的一方提起告訴，另一方即必須負起刑法第227條的刑責。又因加害人未滿18歲，可能被減輕或免除刑責。

雖在兩情相悅的情況下發生性關係，還是屬於刑法第227條規定「對於未滿十四歲之男女為性交」的情節。如未滿14歲學生的法定代理人提出告訴，則未滿16歲的學生必須負刑法第227條規定的刑責。如未滿16歲學生的法定代理人提出告訴，則未滿14歲的學生必須負刑法第227條規定的刑責。因兩人都未滿18歲，可能被減輕或免除刑責。如果無人提出告訴，則不會被追究刑事責任。

未成年的少男少女初嘗禁果，如果雙方家長互怪對方，堅持互控性侵，最後官司有可能不成立。刑法227條第三項的準強制性交罪，對於14歲以上未滿16歲的男女為性交者，可處七年以下有期徒刑。但國內刑法對未成年者的妨害性自主，增訂一條俗稱「兩小無猜條款」，規範於同法第229條之1。指雙方均未滿18歲又在兩情相悅下發生性關係，考量可能是好奇，即屬告訴乃論罪。要家長提告，檢警才會偵辦，而法官通常也會減輕刑期或判緩刑。同法第227條之1也規定，18歲以下之人，犯準強制性交罪或猥褻罪者，得減輕或免除其刑。就是要給未成年者再一次機會，但當事人仍可請求附帶民事賠償責任。

　　戀愛中可能構成性侵的情況，是戀人當中有一人未滿16歲，即使自願與對方發生性行為，另一方仍違反刑法第227條「準強制性交及猥褻罪」：

　　「對於未滿十四歲之男女為性交者，處三年以上十年以下有期徒刑。

　　對於未滿十四歲之男女為猥褻之行為者，處六月以上五年以下有期徒刑。

　　對於十四歲以上未滿十六歲之男女為性交者，處七年以下有期徒刑。

　　對於十四歲以上未滿十六歲之男女為猥褻之行為者，處三年以下有期徒刑。

　　第一項、第三項之未遂犯罰之。」

　　衛生署在全省各地都有專門指定醫院，結合婦產科、外科、精神科醫師、護理人員，以及二十四小時在急診室待命的社工師，處理性侵害之緊急處置及長期醫療復健。醫事人員、社工人員、教育人員、保育人員、警察人員、勞政人員、移民業務人員，於執行職務時知有疑似性侵害犯罪情事者，應立即向當地直轄市、縣（市）主管機關通報，至遲不得逾二十四小時（「性侵害犯罪防治法」第8條）。

　　性侵的被害人害怕去醫院、診所檢查，擔心可能受到「二度傷害」，包括：醫護人員不願開立驗傷單、性侵檢查環境不夠隱密，以及自己被性侵的事情會曝光。依「性侵害犯罪防治法」規定，醫院不得無故拒絕診療及開立驗傷診斷書，對被害人診療時應有護理人員陪同，應保護被害人之隱私，提供安全及合適之就醫環境（第10條）。因職務或業務知悉或持有性侵害被害人姓名、出生年月日、住居所及其他足資識別其身分之資料者，除法律另有規定外，應予保密（第12條）。

另外，被害人還擔心加害人報復。依規定，加害人須接受身心治療或輔導教育，經鑑定、評估其自我控制再犯預防仍無成效者，依法聲請強制治療（第22條）。強制治療期間至其再犯危險顯著降低為止，執行期間應每年鑑定、評估有無停止治療之必要（第22條之1）。

❤ 性騷擾的辨識

性騷擾是指以明示或暗示之方式，從事不受歡迎且具有性意味或性別歧視之言詞或行為，致影響他人之人格尊嚴、學習，或工作之機會或表現者。或以性或性別有關之行為，作為自己或他人獲得、喪失或減損其學習或工作有關權益之條件者。且未達性侵害之程度。

性騷擾包括下列四種（黃筱晶，2012，頁85）：

1. 言語騷擾：用性方面的言語挪揄、調戲、嘲諷或引誘當事人參與性或與性有關的活動。
2. 行動騷擾：不必要的身體接觸或身體私密處的觸摸、猥褻、偷窺等。
3. 權力騷擾：用權勢威脅或用性來交換利益，來滿足其自身的性慾需求。
4. 視覺騷擾：展示色情刊物、影片、色情信函，或要求寄發、出示此資料給他人。

其他如碰撞或倚靠別人的身體、碰觸對方的頭髮或衣服、不令人歡迎的強搭肩膀或挽手臂、緊抱或抓捏的動作、講黃色笑話、追問別人的性生活、電話騷擾、對別人的身材或外表予以性方面的評語等，都算是性騷擾。

不少人求愛的方式其實是性騷擾，只為達成滿足自己慾望的

目的，而百般誘惑對方。尤其是利用自己的權勢（如上司對下屬、老師對學生、醫師對病患等），令對方不敢聲張而性騷擾得逞。即使表面聲稱這是愛情，實際上仍是性騷擾。尤其對方是已婚身分，「不倫戀」將使受害人身心加倍折磨。

性騷擾不是愛情而是痛苦，但騷擾者不覺得自己的行為可惡，以為不是性侵害就沒什麼嚴重。所以有人以開玩笑的方式「吃豆腐」或「毛手毛腳」，還以為無傷大雅。

依規定（「性騷擾防治法」），性騷擾事件的被害人除可依相關法律請求協助外，並得於事件發生後一年內，向加害人所屬機關、部隊、學校、機構、僱用人或直轄市、縣（市）主管機關提出申訴。機關、部隊、學校、機構或僱用人，應於申訴或移送到達之日起七日內開始調查，並應於二個月內調查完成（第13條）。

對於因教育、訓練、醫療、公務、業務、求職或其他相類關係受自己監督、照護之人，利用權勢或機會為性騷擾者，得加重科處罰鍰至二分之一（第21條）。這也是職場裡上司與下屬的戀情或學校的師生戀，受到質疑的原因之一。

意圖性騷擾，乘人不及抗拒而為親吻、擁抱或觸摸其臀部、胸部或其他身體隱私處之行為者，處二年以下有期徒刑、拘役或科或併科新臺幣十萬元以下罰金。前項之罪，須告訴乃論（第25條）。

♥ 性霸凌的辨識

性霸凌（此條是「性別平等教育法」於民國100年6月7日修正時新增）是指透過語言、肢體或其他暴力，對於他人之性別特徵、性別特質、性傾向或性別認同進行貶抑、攻擊或威脅之行為，且非屬性騷擾者。

愛情學分中，為什麼要包括辨識及避免性霸凌呢？

《擁抱玫瑰少年》（蘇芊玲、蕭昭君主編，2006）一書，述說玫瑰少年葉永鋕真實的悲劇故事。2000年4月20日，就讀屏東縣高樹國中三年級的葉永鋕，於第四節音樂課下課前五分鐘去上廁所，不久被發現倒臥廁所血泊中，送醫急救，隔天凌晨因腦部重創去世。

屏東地院一審判決校方無罪，葉家不能接受法院認為兒子是「心因性猝死昏倒」等死因，卻忽視了葉永鋕長期遭欺負、學校未處理的事實，決定提出上訴。2006年9月12日，高等法院高雄分院宣判校長等三人因職責怠惰未維修廁所水箱，以致害人滑倒致死，各判處三至五個月有期徒刑定讞。

葉永鋕遭到欺負的原因，是他女性化的聲音（全是女生的合唱團中唯一的男生）與動作，他喜歡做「女生」的事（扮家家酒、打毛線、煮菜、幫媽媽或客人洗頭髮），也跟女生比較要好。他不但被嘲笑是「娘娘腔」，而且曾被兩個同學強脫褲子，看他是不是男生。

為了避開同學的捉弄，葉永鋕選擇下課前、上課鐘響後再去上廁所，甚至使用教職員廁所。為此，葉媽媽到學校反應多次。她非常氣憤，為何兒子連尿尿的人權都沒有？她認為就是這樣逼死永鋕的。

原先葉媽媽也擔心永鋕是否為陰陽人，看過泌尿科、身心科之後，都說「正常」，從此葉媽媽就接受了永鋕。她認為永鋕沒有錯，要讓他過得快樂、讓他自由發展，所以要他勇敢面對、不要害怕。可惜，雖然永鋕的父母接納了他，但其他人還是不能接受他的性別氣質。

葉媽媽在永鋕走後，仍持續站出來，參加同志大遊行等各種活動。因為她要幫助像永鋕這樣軟弱的小孩，勇敢的站出來，別人才不敢欺負你（蘇芊玲、蕭昭君主編，2006，頁74-75、頁80）。

葉永鋕可能因爲受到「性霸凌」而喪失寶貴生命（至少是間接原因），所以永遠沒有機會表達他的「性別認同」（指個人對自我歸屬性別的自我認知與接受），自然也無法擁有屬於他的愛情與婚姻生活。

　　「跨性別」是個集合名詞，包括變性人、扮裝者、陰柔氣質男生、陽剛氣質女生等，其中處境比較艱難的是變性人。衛福部於2013年時曾決議，性別認同不是疾病，不該由精神科醫師認定，也不該用生理特徵做判斷，應更重視當事人心理層面與人權觀點，已將相關建議送給內政部參考，由內政部決定是否放寬變性人性別登記，使未來變性不再需要經過器官摘除等醫療行爲。

　　這項決議曾讓許多跨性別朋友雀躍，後來卻沒有下文。至2014年底，民進黨前主席施明德在12月10日——世界人權日，偕同數名跨性別者召開記者會，控訴內政部要求先動手術始得變更性別登記，剝奪跨性別者的人性尊嚴且侵犯人權，形同「活摘器官」，要求內政部撤銷目前強制手術的規定。

　　目前不需經過摘除生殖器官手術，即可更改法定性別的國家共計有十八國，包括愛沙尼亞、白俄羅斯、荷蘭、瑞典、波蘭、英國、德國、奧地利、匈牙利、芬蘭、冰島、西班牙、葡萄牙、阿根廷、南非、南韓、澳洲、紐西蘭及美國聯邦層級及部分各州。

　　美國國務院根據世界跨性別健康專業協會（World Professional Association for Transgender Health, WPATH）的建議與指南，宣布自2010年6月10日起，只要持有合法醫生之診斷證明，即可向政府提出更改護照性別之申請，性別重建手術（Sexual Reassignment Surgery, SRS，又稱「變性手術」）不再是必要條件。

　　但國內現行法規，有意變更法定性別者，必須先經過兩名精神科醫師鑑定，並進行摘除現有性器官的外科手術，才能變更性別。性別團體認爲上述規定忽略了當事人對身體的自主權、經濟能力弱

勢無力負擔手術者、特殊生理狀況無法承擔手術風險或後遺症者，更令欲變更法定性別者喪失生育能力。

實境與解析

報載（喻文玟，2015），51歲的台中一中生物老師曾愷芯（原名曾國昌），前年妻子病逝後，決定從「心」出發，接受醫師諮詢，服用女性賀爾蒙改變性特徵，今年六月要動手術摘除男性器官。

他說，「我心裡住著女生」、「幼時經常夢見自己是女生」，早期社會環境保守，他一直壓抑自己的性向，也走入結婚禮堂，婚後更不忍讓愛妻知道「真相」，在師生眼中是「愛妻好男人」。妻子罹癌病逝後，兩人膝下無子，讓他無後顧之憂，毅然下決心改變。讓「她」感動的是，老師們不但不排斥，也給予肯定和鼓勵。學生們沒有異樣眼光，也沒有遭受家長批評，讓她如釋重負。

曾想過最壞的打算是提早退休，但現在的她欣慰地說，「中一中充滿包容與溫暖，我很幸運」。中一中校長陳木柱說，尊重曾老師的選擇，要以平常心看待，而且打造友善廁所，幫助她適應新生活。一中建校百年來，曾老師是第一位公開性別傾的變性人老師，曾老師也是校園平權教育的活教材。

社會大眾若不能了解與接納跨性別者，不僅損及他們的人權，也因他們的性別不明，擔誤了他們的愛情與婚姻。

插圖／胡鈞怡

第二節　防範性騷擾、性侵害與性霸凌

如何維護性別權益？為何許多人不敢主張或爭取自己的性別權益？

♥ 性騷擾、性侵害或性霸凌的法規

以學校來說，國家對於防範學生遭受性侵害、性騷擾或性霸凌，相當重視。依「性別平等教育法」規定，「學校校長、教師、職員或工友知悉服務學校發生疑似校園性侵害、性騷擾或性霸凌事件者，應於二十四小時向學校及當地直轄市、縣（市）主管機關通報。」（第21條）。「偽造、變造、湮滅或隱匿他人所犯校園性侵害事件之證據者，應依法予以解聘或免職。」（第36條之1）所以，學校的教職員工不僅「有責任」通報，而且隱匿相關事件會受到最重的懲罰。

性侵害、性騷擾或性霸凌的旁觀者如果「保持沉默」，視同「幫凶」。因為，「即使不是當事人，任何人知悉性騷擾、性侵害事件時，得依其規定程序向學校或主管機關檢舉之。」（第28條）

為什麼受害者不敢主張自己的性別權益？因為已身心俱創，怕別人知道後再指指點點。所以，「受到校園性侵害、性騷擾或性霸凌的當事人，必要時應提供心理輔導、保護措施或其他協助；對檢舉人有受侵害之虞者，並應提供必要之保護措施或其他協助。學校或主管機關得委請醫師、心理師、社會工作師或律師等專業人員為之。」（第24條）不僅是當事人，其他知悉校園性侵害、性騷擾或性霸凌事件的同學、老師也可以檢舉，同樣會受到必要的保護。

對於學生遭受性侵害、性騷擾或性霸凌，學校不但要儘速處理、由專門單位受理，而且也要找有這方面專門素養的人來審理，才能真正維護受害人的性別權益。「學校或主管機關接獲前條第一項之申請或檢舉後，應於三日內交由所設之性別平等教育委員會，得成立調查小組調查之，必要時，部分小組成員得外聘。其成員中具性侵害、性騷擾或性霸凌事件調查專業素養之專家學者之人數比例於學校應占成員總數三分之一以上，於主管機關應占成員總數二分之一以上；雙方當事人分屬不同學校時，並應有申請人學校代表。」（第30條）

校園性侵害、性騷擾或性霸凌的加害人，可能是學生、校長、教職員工；為避免其他人受害，依規定，「加害人轉至其他學校就讀或服務時，主管機關及原就讀或服務之學校應於知悉後一個月內，通報加害人現就讀或服務之學校。對加害人實施必要之追蹤輔導，……不得公布加害人之姓名或其他足以識別其身分之資料。」（第27條）

♥ 約會強暴

約會強暴與性侵害之間有時界限模糊，常被誤為是「霸王硬上弓」的愛情類型，受害人好像「欲拒還迎」，自覺有錯，所以不敢舉發。他們常是相互認識且互相喜歡，發生的情景通常是到對方家裡吃飯（而且都喝了酒）。飯後進入對方臥房，兩人有親吻與愛撫的行為。到了要發生進一步關係時，某一方才拒絕。此時通常沒有使用暴力或武器，只是另一方不願停止，一直到性行為結束為止。這樣構成約會強暴嗎？算！因為：

1.願意到某方房間，不表示願意做愛。

2.即使願意愛撫，不表示想要做愛。

3.某方有明確拒絕，但另一方不當一回事。

4.一方壓住某方，使其無法抵抗。

5.某方可能早就認定今天一定要達成做愛的目的。

　　更可悲的是，被強迫的一方從此「死心蹋地」的跟著他／她，認為這就是愛的承諾，即使對方根本不想負責任。

　　若性侵害的加害人不是學生，依「性侵害犯罪防治法」第6條，可向各直轄市、縣（市）主管機關的「性侵害防治中心」求助，該中心辦理下列事項：

1.提供二十四小時電話專線服務。

2.提供被害人二十四小時緊急救援。

3.協助被害人就醫診療、驗傷及取得證據。

4.協助被害人心理治療、輔導、緊急安置及提供法律服務。

5.協調醫院成立專門處理性侵害事件之醫療小組。

6.加害人之追蹤輔導及身心治療。

7.推廣性侵害防治教育、訓練及宣導。

　　為協助性侵害防治中心蒐集疑示性侵害的證物，受害後切莫清洗自己的身體。相關證物如下：

1.蒐集被害人衣物及其上之微物跡證。

2.蒐集被害人外陰部流取物。

3.蒐集被害人陰道檢體。

4.懷疑有肛交時，採取被害人肛門棉棒檢體。

5.懷疑有口交時，採取被害人口腔棉棒檢體。

6.依被害人陳述，採取被害人身體其他部位疑似遺留加害人精

液或唾液之棉棒檢體。

7.蒐集被害人之指甲縫遺留物（加害人皮膚屑、組織、血液）。

❤ 性霸凌的處理

❤❤ 實境與解析

「霸凌」（bully）是指學生間欺凌與壓迫的校園暴力。其中「性霸凌」指以身體、性別、性取向或性徵為題材，而加以譏笑、嘲諷、評論或侵犯。如：開性器官的玩笑、傳遞具有性意味的紙條或謠言、男生間的「刷卡」、「捉鳥」、「脫褲子」、「阿魯巴」等涉及性器官的活動。

發生校園性侵害或性騷擾最重要的因素不是「性慾」，而是「權力」和「態度」。如果加害人故意要侵害、騷擾別人，最重要的考量是「被害人是不是好欺負？」而非「被害人是不是帥哥美女？」

什麼人好欺負呢？權力小的人。如：教師甲男會在上課時對女學生講黃色笑話，但不會對女督學講黃色笑話。學生甲男會偷拍女學生內褲，但不會偷拍女校長的內褲。所以，校園性侵害或性騷擾的發生跟「權力差距」有關。

自我中心、忽視或不顧別人感受的人，是變加害人的高危險群。如：學生乙女蹲在小走道整理東西，學生甲男要經過該處。由於甲沒出聲就直接擠過去，乙的臀部因此被甲的陰莖擠壓，乙氣憤地大叫：「色狼！」甲回嘴說：「誰要吃妳個這圓仔花！」乙聽了更生氣，要求甲道

歉，甲拒絕道歉，乙遂控訴甲性騷擾。相同情形，若甲具有尊重他人的習慣，懂得用尊重的態度與人互動，在走過去前先向乙說聲：「請借過。」或選擇繞道不經過該處，不是就不會發生前述糾紛了嗎？所以，校園性侵害或性騷擾的發生跟「不尊重的態度」有關。

資料來源：節錄自「教育部學前及國民教育署性別平等資訊網」。

2006年，兒童福利聯盟文教基金會針對兒童校園性霸凌現況調查，超過半數孩童有性霸凌的受害經驗，八成孩子有旁觀經驗。性霸凌種類中，六成六是關於性或身體的嘲笑；男性學童容易碰到的性霸凌行為是被強行脫褲或摸下體，女性則是被嘲笑「男人婆」。

有性霸凌受害經驗的學童，三成是每週發生、一成五是幾乎天天都會發生。兒盟的調查，孩子最常被性霸凌的是對性徵或身材的嘲笑，方式有開黃腔、女生被形容為波霸、飛機場等。另外還有超過半數的性霸凌，來自侵犯身體的行為或遊戲，「溫和」的像是對身體部位碰觸或偷窺，其中以屁股、下體和胸部等隱私部位最多；「誇張」的甚至有危險性的動作，包括男孩之間熟悉的「阿魯巴」、「草上飛」（捉住雙腳在地上拖行）、「千年殺」（雙手比槍往屁股戳）。

當孩童被性霸凌時，其他孩子多半選擇沉默，再不然就是加入鼓譟霸凌的行列，僅有少數孩子會挺身出來伸張正義。

♥ 受害者的身心反應與調適

依教育部的規劃，不僅要教導學生能夠避免被性騷擾、性侵害與性霸凌；性別權益受損時，更要懂得如何有效求助。一方面幫

助自己，一方面也防止其他人繼續受害。還有不可忽略的是，被害人事後需要的心理輔導與治療。否則，獨自一人承受無法化解的痛苦，可能因此得了憂鬱症、創傷症候群等心理疾病。

　　性騷擾、性侵害與性霸凌會造成極大的精神及心理壓力，嚴重時影響其自尊、人際關係。日後對「性」會感到罪惡感或有偏頗的觀念，進行親密性行為時會重現性侵害的景象，產生「創傷後壓力症候群」（PTSD）。經常覺得害怕，無法心安。與人情感疏離，無法信任及親近他人，且擔心自己會再被利用與傷害。即使走在路上，也怕看到長得類似加害人的陌生人。

　　幫助受害人走出陰霾，他們才能享受應有的幸福，而且會有更多正面的力量及包容，去關愛及幫助別人。積極幫助受害者的方式為：

1. 仔細聆聽：讓他們放心的抒發心中所有負面情緒。
2. 適當發問：誰對誰在什麼地方、什麼時間做了什麼事，做的方式、目擊者及參與者。
3. 不評判，沒有預設立場：不可帶著偏見，以為受害人被性侵、性騷擾是說謊。
4. 強調保密性：被害人的案情僅能向專業助人者（如社工人員、心理諮商師、精神醫師）透露。

♥ 受害者的輔導與矯正

　　2014年6月，衛福部公布的統計數字顯示，2013年通報性侵案件13,928件（10,901人），受害者85%為女性，12～18歲未成年占52%超過一半。統計也發現，性侵害案件多發生在私人場所，其中被害人和加害者多為男女朋友或曾為男女朋友。

值得注意的是，男性遭性侵通報1,329人，比2009年增加1.3倍，12～18歲未成年占65%。高達99%是遭到「男姦男」的性侵害，多數發生在24歲以下的校園性霸凌或需集中住宿單位。男性遭性侵者多與蹺家、中輟、球隊、課輔、集體生活有關，且**男性加害人高達八成過去曾被性侵，也就是從被害人變成加害者**。所以政府要結合學校、社區、民間團體等進行宣導與輔導，避免受害人增加；否則，未來成為加害人的數量也會隨之增加。

　　男性被害人雖僅占15%，但有別於女性，呈現逐年增加趨勢，清一色為男性性侵男性的案件。**美國研究發現，若男性遭性侵未接受輔導，未來變成性侵加害人的比率將近八成。**

　　與被害人相同的是，加害人也需要心理輔導與治療。因為，不少加害人原先是受害人。例如，當他們在學校受到性霸凌，老師因為疏忽或警覺心不夠而沒有及時制止，導致這些霸凌事件蔓延開來。他們被繼續性霸凌後，痛苦的情緒只好尋找更弱勢的人宣洩，因此成了加害人。

　　校園霸凌事件通常包含三個對象：霸凌者、受凌者以及旁觀者。旁觀者與霸凌者一樣可怕，因為他們愛看熱鬧，會鼓勵、協助霸凌者。如：曾有三名高雄市某國中男生，疑似逼迫一名女生向其中一名男生打手槍，另外兩名男生在旁拍攝及叫囂。後來更將影片PO上網，遭網友瘋狂轉載。由此可見學生對性教育的無知，對於人權及觸犯法律的缺乏正確概念。這不僅影響學生的學習與身心發展，更會危害校園治安。若不即時加以輔導，矯正其暴力行為，將來甚至會成為影響社會治安的罪犯。

　　所以要以協助者的角色，提供加害人為其行為辯護的機會，了解攻擊背後隱藏的真正情緒。造成性霸凌行為的原因很多，有些源自對家庭中霸凌者角色的模仿，有的則是反擊性霸凌。因此進行輔導時，必須顧及個別差異，採用適當的策略。

對於旁觀者也要輔導，你的沉默不語也是助長性霸凌的原因
之一。你可以挺身而出，「阻止」霸凌行為；也可以儘快向校方檢
舉，啓動相關機制，「遏止」錯誤的霸凌行為。

Chapter 9

情愛溝通與衝突處理

第一節　平等溝通的新愛情關係

你期待未來的伴侶要外表好看、學歷傲人、家世良好嗎？但，你是否更希望他／她擁有絕佳的人際溝通能力與善於情緒管理？1983年，美國心理學家Howard Gardner在《心智架構》（*Frames of Mind*）一書中，說明「多元智能」（multiple intelligence）的概念。他認為人類擁有七種智能面向，分別是音樂、肢體─動覺、邏輯─數學、語言、空間、人際以及內省（後來又增加了第八種智能──自然觀察）。

♥ 人際智能及內省智能

與溝通能力和情緒管理最有關係的，是「人際」及「內省」這兩種智能。為什麼它們對於愛情的經營不可或缺？

如果你的伴侶擁有高度的人際智能（interpersonal intelligence），那麼他／她對你的臉部表情、聲音和動作的敏感度較高，於是：

- ·他／她較能準確察覺及分辨你的情緒、意向、動機及感覺。
- ·他／她較能使自己、你以及你的朋友感到輕鬆自在。
- ·他／她較能與人維繫長期的友誼。
- ·他／她較能有效化解人際衝突。
- ·他／她較喜歡參與團體活動。
- ·他／她較樂於傾聽他人的意見。
- ·別人較常向他／她徵詢意見。

‧最重要的是，他／她較能妥善處理親密關係。

這樣，你是否較不擔心「相愛容易相處難」？是否較放心表達真實的感受與意見？是否較能坦承與他／她討論及調和你們之間的不一致？

內省智能（intrapersonal intelligence）是指能意識到自己內在的情緒、意向、動機、脾氣和慾求，以及自律、自知和自尊的能力。於是：

‧他／她較能掌控自己的情緒。
‧他／她較知道自己的缺點並設法改善。
‧他／她較能有效解決個人問題。
‧他／她較能自我激勵、自得其樂。
‧他／她較能擁有個人的人生目標與規劃。

這樣，你是否較不擔心他／她會情緒失控？是否較容易與他／她共同勉勵，一起達成人生目標？是否較敢於提醒他／她有若干應該改善的地方，較不怕他／她覺得自尊受損、惱羞成怒？

情緒管理與溝通能力之間也有高度相關，容易不耐煩或動怒的人，較無法冷靜、理性的表達及傾聽，較喜歡論辯及反駁，難接納別人的建議。因為容易情緒激動，所以常常挑起戰火。**證嚴法師說：「心地再好，嘴巴、脾氣不好，仍不算好人。」德蕾莎修女說：「人最大的缺點是壞脾氣。」**這些智慧語錄，對於選擇情人，也有一定的參考價值。

戀愛時，要從日常生活的小細節，或觀察對方與人互動的方式（尤其是家人），了解他／她的情緒管理能力與溝通狀態。若發現有問題，千萬不要膨脹愛情或自己的力量，以為足以改變對方；還是要客觀衡量對方的狀況及自己的能耐，以免到頭來兩敗俱傷。如

林俊傑演唱的〈背對背擁抱〉（作詞／林怡鳳，作曲／林俊傑）：

> 話總說不清楚，該怎麼明瞭，一字一句像圈套。
> 舊帳總翻不完，誰無理取鬧，你的雙手甩開剛好的微妙，然後
> 戰火再燃燒。
> 我們背對背擁抱，濫用沉默在咆哮，愛情來不及變老，葬送在
> 烽火的玩笑。

不要妄想「背對背擁抱」，溝通不良的愛情，終究會葬送在不斷的戰火中。即使對方再英俊或美貌，你要一個脾氣不好、無理取鬧的情人嗎？

♥ 平等溝通

在性別不平等的傳統下，男性常自以為知道女性要什麼，而代替女性做決定。但如果女性不領情，卻只會生悶氣、壓抑自身的想法與感受。一面氣男性固執己見、難以溝通，一面也暴露了女性自身不懂得「平等溝通」的弱點。女性無力處理彼此的差異與衝突，沒法進行有效的溝通時，卻「奢望」男性知道女性的需求與期望，「妄想」對方自動自發變成自己理想中的樣子。這樣下去，愛情中的「平等溝通」，永遠只是做夢。

為何現代的愛情與婚姻，特別強調平等溝通、相互尊重？因為，家庭權力結構轉移了，如陳麗文研究〈兩性平權在家庭〉發現（2002，頁219）：

> 強調上對下、禮儀規範的父權結構，轉變為強調以平等互動、
> 溝通協調為主的夫妻關係；夫妻相處以情感為基礎，注重彼此
> 的互動溝通，依平權原則重視個人意志、強調彼此的尊重。

現今的家庭權力結構，已從「父權」（男尊女卑、夫唱婦隨）轉變為「平權」；家庭事務的分工與決定，需要夫妻相互溝通協調。「第三條路」理論大師安東尼・紀登斯（Anthony Gieedens）在《失控的世界——全球化與知識經濟時代的省思》一書談到家庭變遷時說（2001，頁59、63）：

> 男女不平等是傳統家庭不平等的固有特質，……在歐洲，女人是丈夫或父親的財產——法律將之定義為所有物。……隨著家庭的經濟角色日漸凋零，伴侶成了家庭生活的核心，愛情成了形塑婚姻關係的基礎。……在過去，婚姻從來都不是建立在親密感——情感交流之上，……對現在的伴侶來說，親密感是基礎。

　　安東尼・紀登斯提出「純關係」（pure relationship）的概念，**認為現代夫妻應以情感交流為基礎。從這種交流中得到的回報，才決定了關係能否持續。**這種男女的純關係是平等、尊重、溝通的，而不是專制、壓迫、暴力。唯有「性別平等」，才能帶來真正的快樂與滿足；而且現在大多數的人，都接受這種男女角色的社會變遷。他說（頁66）：

> 好的關係是平等的關係，每一方在其中擁有平等的權利和義務。在這種關係中，每個人都尊重對方，且把最好的給對方。純關係是以溝通交流為基礎，……交談或對話是讓關係得以運作的基礎，……這必須有相互信賴，……而信賴必須努力營造。

　　許多婚姻瀕臨破裂的夫妻會說：「我們的個性南轅北轍，差異甚大。」真正的原因是無法平等溝通。兩性及婚姻專家王瑞琪說，

他們夫妻會離婚，是因為前夫的「大男人主義」跟她逐漸萌芽的「女性主義」信念「經常衝突」，在溝通互動上，前夫從來不尊重她。她說（2002，頁30）：

> 前夫從來不尊重我的工作（他曾說過：「妳的那種工作，只比妓女好一點。」），也不尊重我的朋友（認為我都是被那些朋友「帶壞」的）。

說妻子的工作「只比妓女好一點」的丈夫，可想而知，多麼看輕妻子的職業，絕不會支持妻子或以妻子的事業成就為榮。在這樣不平等的婚姻關係下，女性如何能自我實現？

♥ 撒嬌不等於溝通

王瑞琪曾用「小女人」及「撒嬌」的方式與丈夫溝通，但效果更差。她說（頁186）：

> 我的「撒嬌」從來沒有在婚姻裡為我贏得更多的疼愛與尊重。相反的，因為總是不講理，前夫更容易看不起我；暫時的忍讓之後，總是跟隨更多的不滿。

既然撒嬌沒用也委屈了自己，於是王瑞琪不再忍讓、不再示弱。前夫對她逐漸壯大的女性意識一籌莫展，乾脆說：「妳被那些朋友帶壞了。」前夫認為女性為自己解釋理由、嘗試溝通，就代表「變壞了」（因為不聽話、意見太多）。

 實境與解析

　　2015年，電影《撒嬌女人最好命》中，女主角張慧（周迅飾）從大學時期起就暗戀同學龔志強（黃曉明飾）。後來雖與志強一起工作、朝夕相處，但從未表白心中的情感；但覺得志強是愛她的，總有一天志強會向她告白。

　　然而，當志強邂逅台灣來的女孩蓓蓓（隋棠飾）後，竟然愛上了很會撒嬌的蓓蓓。張慧這才著急，於是努力「拜師」學習撒嬌，要與蓓蓓較勁，努力搶回志強。無奈身為「女漢子」的張慧，怎麼學撒嬌，也沒辦法真正學會。

　　志強知道張慧真正的心意時，他面臨了抉擇，這才終於明白：撒嬌固然可愛，但久了是會膩的；唯有真誠才能持久，真正打動人心。他確定自己愛的是張慧，對蓓蓓只是一時的迷戀。其實他早就愛上了張慧，只是沒有自信，所以不敢告白。

♥ 知難行易的「情愛溝通」

　　要使彼此感到親密，須靠溝通的技巧。情愛溝通其實「知難行易」，只要從「尊重」開始，且以「尊重」為核心，其他的溝通技巧就會水到渠成。尊重不是百依百順，而是如自我尊重一般，好好維護對方的自尊。

　　因為尊重，所以不會大吼大叫，企圖以音量壓制對方。
　　因為尊重，所以不會隨意打斷對方說話。

因為尊重，所以不會任意否定對方的感受。

因為尊重，所以不會在共同的事務上自作主張。

因為尊重，所以不會貶低對方的能力。

因為尊重，所以不會嘲諷及反對對方的行為與計畫。

戀愛中要多多交談與分享，多多聆聽對方。萬不可單向溝通，以命令的方式互動或不予回應。甚至以沒時間為由，一再逃避討論那些「重要的事情」。

談戀愛時，有些你不知道的事情，可能使你受到傷害。所以下列七個問題，你一定要問對方（錢基蓮譯，2008：83）：

1.家庭背景與家庭關係的品質。

2.過去談的戀愛和分手原因。

3.從生活中學習到的經驗。

4.倫理觀念、價值觀以及道德觀。

5.對愛情、承諾、溝通的觀念。

6.靈性的或宗教的觀點。

7.個人和事業的目標。

這才是「談戀愛」！所以，你們該有談不完的話題。從這些話題的廣度與深度，就可反映你們的感情可否持久。你也許質疑，要問他／她「過去談的戀愛和分手原因」嗎？是的！就如同應徵工作時，面試官會問你「前一份工作離職的原因」，甚至希望前一位主管為你寫一封推薦函。他們還可能親自打電話給你以前的老闆或師長，詢問你的工作與學習態度。

職場上，以用人單位多年來豐富的經驗（包括「受騙經驗」），讓他們學到了：不要輕易相信應徵者的「甜言蜜語」。上一份工作離職的真正原因或從前的學習態度，才是他／她能否適任

這份工作的重要依據。依此類推，你有必要問問對方過去的戀愛狀況與分手原因，並且不要被他／她的「甜言蜜語」或「強詞奪理」所影響。藉此可以判斷你們相處時會否有相同的問題，或測試對方是否確實從前一段分手中反省與成長？

至於其他六個問題的重要性，你應該心裡有數。如果你的戀愛不是只沉溺在激情當中，應該有機會多談談上述重要問題，這對你們的未來有很大的影響。

♥ 如何告白？或婉拒別人的告白？

不少人認為愛情失敗的一個重要原因是：不知如何「告白」？所以戀情常無法展開。告白當然是重要的溝通技巧，能及時表達自己對她／他的欣賞，才有更多機會更接近對方。但**「過猶不及」，表達得太急切或遲遲不敢告白，一樣會失去幸福的機會。**

如果不知道如何告白，可以先擬個稿子，找有智慧的人（不必是經驗豐富的人）幫你修改或與你一起演練。告白不必那麼明顯、正式，例如送上一大束玫瑰花。要自然、漸進，從相識、相知到關係穩固後，再設法邁入相惜與相守階段。與一般人際關係的經營相同，沒有付出相當的時間及心力，並不足以打動對方。

告白不能一廂情願，以免造成日後見面的尷尬。也要有被拒絕的心理準備，不能惱羞成怒而情緒失控，甚至犯下無法彌補的過錯。也不必自卑，以為自己尊嚴受損。甚至**不要灰心，有些女孩或男孩值得你鼓起勇氣再告白幾次。**

插圖／胡鈞怡

2010年，一個台科大的碩士生，為了追求大他十一歲的台大女博士生，寫情書表達愛慕之意。遭到拒絕後由愛生恨，涉嫌傳恐嚇簡訊如「我恨死妳了，今天這筆帳我一定會討回來」、「殺光全家人」。還闖入她工作的地點，除對她暴力相向，也拿榔頭敲擊阻止他施暴的同事。最後，不但追求不成，還被地檢署依恐嚇及傷害罪嫌起訴（學業、前途也都不保）。

2015年，南部某科技大學一名25歲、身高174公分、體重150公斤的男大生，疑似向身高約150公分、體重40公斤的19歲學妹告白及求歡不成，一怒之下將她勒斃並且姦屍，再騎機車將屍體載往高雄壽山焚屍。男大生愛慕學妹半年多，但學妹有男友，最近與男友吵架，常來找他訴苦、散心。某日學妹跟另一友人留在他的住處過夜，隔天友人先回台中，只剩學妹與他獨處，男大生趁學妹熟睡性侵，但遭激烈反抗而失手勒死學妹。被逮捕時，他直說：「我很喜歡她」、「很後悔殺了她」、「對不起她的家人」。

如果不能接受別人的告白，該如何婉拒？才不傷害對方的自尊，不使自己惹上殺身之禍。

1. 應檢討自己平日與對方的互動方式，是否引起對方誤會？
2. 先確定自己是否真的不能接受他／她的告白，還是只想測試對方的誠意？
3. 多注意自己的溝通技巧，是否帶有嘲諷、貶低對方告白的意味？尤其是非語言溝通的部分（語氣、表情、動作等）。

4.學習婉拒的方式，如：「給我一點考慮的時間，過幾天再告訴你好嗎？」、「謝謝你一直對我這麼好，但我現在還沒準備好要進入下一段關係。」、「我也很欣賞你，但我想先全力準備考研究所（或就業準備、高普考、證照考試……），暫時不考慮投入感情。」

同樣的，婉拒時也要留意場合及避免落單，防範對方的語言及肢體暴力，或是其他要脅（包括自我傷害）。

第二節　衝突處理

戀愛中還有許多重要的事情，在你們的關係愈來愈穩固之後，應該提出來討論或弄清楚。如：婚後的住所、家務的分配、金錢的支配、子女如何教養等。不但要討論，而且要形諸文字作為證據；這種婚前協議或契約，仍具有法律效用。

♥ 婚前協議或契約

「婚後住在哪裡？」就是婚前該好好溝通的事，否則會引起嚴重衝突。有時雙方已講好跟公婆分開住，但若未來的公婆有意見，堅持住一起，男方覺得左右為難，該怎麼辦？此時，還是由男方與自己的父母多溝通幾次較好，不要一開頭就使父母對未來的媳婦產生不良印象，製造了婆媳問題。

若男方不尊重妳的想法與感受，逕行決定婚後一定要跟公婆、小叔、小姑等同住，忽略妳所擔心的適應問題。這時，妳該好好與男方溝通「孝順」的觀念與做法：不僅要照顧公婆，半子對岳父母

也該盡孝。若妳發現男方有「雙重標準」，只能同意女方對夫家應盡的義務，卻否定女兒對娘家的責任（包括女婿的責任），這雖是傳統觀念，但「性別不平等」的婚姻是妳的期待嗎？將來出現的問題妳能處理嗎？

實境與解析

現代婦女基金會編製的「婚姻契約」非常完整，包括：夫妻冠姓、夫妻住所、夫妻財產制、家務分工、家庭生活費（日常生活中食、衣、住、行、育、樂、醫療、保險所生費用及子女扶養費，由誰負擔全部或各分擔多少比例）、子女姓氏等。

大多數人還是要經由理性討論的過程，才能在上述問題上取得共識。但有些人就有突破傳統的做法，如台師大數學系教授洪萬生，他的妻子彭婉如是民進黨婦女部主任，於1996年遇害身亡。後來洪萬生擔任彭婉如基金會董事長時，認識了基金會的董事、政治大學新聞系教授林芳玫。他們決定結婚且婚後分別住在各自住所，過年期間林芳玫也沒有回洪萬生的彰化老家（因婆婆跟幾個兒子輪流住），洪萬生自然的跟著妻子回娘家吃年夜飯。

林芳玫提醒所有年輕女孩：忠於自己，無論為人妻、為人母，或是選擇自己一個人瀟灑過日子。就像她從小到大堅持的「by myself」，做自己，就對了（黃美廉等，頁27）。

戀愛中許多人都過於天真，只看得到於己有利的部分，如：未來公婆對我很好、男（女）朋友非常體貼、他們都知道我不會做家事……；以為將來可以「我行我素」的過日子。如果把它改成「自

由自在」的過日子，這樣的婚姻一定令人嚮往！但，你可知道，要達到這個目標，先前要有多少「磨合」的功夫？不僅是與你的伴侶溝通，對於雙方的家人也不可忽視。

💛 姻親關係

現代社會還有婆媳問題嗎？絕大多數的婆婆覺得自己對媳婦很好，絕大多數的媳婦也不承認自己是壞媳婦。但「女人何苦為難女人」，為何還是難以坦誠溝通、和平共處？有些婆婆非常在意媳婦會不會做家務事或擅不擅長教養子女，只要不合意，就會不斷「挑剔」（婆婆認為是教導）。萬一媳婦不太會做家事也不想做家事時，該怎麼跟婆婆溝通？

有些婆婆不喜歡媳婦的工作表現比兒子好，以為這是不給老公留面子。如果媳婦因為工作而無法好好照顧家庭時，更會遭到指正，甚至要媳婦放棄工作。為避免將來產生婆媳問題，婚前就要開始：

1. 了解未來的公婆，與之建立正向關係。包括多相處與交談，不定期的買些小禮物及農特產送給他們等小技巧或人情世故，才能維繫及增強你與長輩的關係。
2. 面對未來的公婆還是要注意禮貌。不論你與男友的關係有多親密，你們的談話模式不能應用在男友父母身上。畢竟他們還是長輩，與你也沒有正式關係，說話的態度及措詞都不可隨便。
3. 不要過於頻繁到男方家中，以免影響別人的家庭生活。尤其不要一直與男友關在房間，眼中彷彿只有男友的存在。可以主動幫忙做些家事，但最好真的會做而不要「自曝其短」。

男女標準應該一致，男方在婚前也要常去女方家走動、幫忙做些事情。男性也要關懷未來的岳父母，贏得他們的信任與好感，避免未來可能的相處問題。

依中華文化的傳統，即使婚後不跟長輩同住，仍有婆家、娘家的相處問題。**婆媳畢竟不是母女（也絕不是敵人），但仍是家人。**彼此的關係要「有點黏又不會太黏」，保持適度距離，表現應有禮貌。但也要像家人般，多一些時間互動與談心，給予足夠的關心與支持。

如果婆媳同住，婆婆看不慣媳婦的態度及生活習慣，如：不尊重長輩、上下班時間不固定、生活作息不規律（上網、看劇集至凌晨才上床，睡到下午三點鐘）、不做飯（還要婆婆「伺候」），該怎麼溝通？最麻煩的是，婆婆覺得媳婦不太搭理她，像住一個屋簷下的陌生人，又該怎麼辦？

有些婆婆心疼兒子工作辛苦，經常進出他們的小家庭或直接搬到附近，幫忙帶小孩、做家事；除了影響夫妻關係，加上隔代教養的衝突，弄得年輕夫妻因此吵架甚至離婚。所以現代的婆婆也應放寬心，以免適得其反。

吃年夜飯的傳統習俗是到夫家，年初二才能回娘家。然而，有些媳婦對於去夫家探望公婆有不愉快的經驗；過年回夫家之事，便可能激起一場爭吵。丈夫夾在太太與父母中間，常覺得為難與疲憊，忍不住會埋怨太太。然而太太也十分委屈，夫家是家，難道娘家就不是家嗎？男性的沉默，只會助長問題，甚至延伸到下一代。也許你的父母就是活在這種壓抑→沉默→壓抑不住→爭吵→壓抑……的惡性循環中。到了你這一代，就有必要「主動溝通」、尋求雙贏。

實境與解析

　　不少已婚女性表示：「想回娘家吃年夜飯。」女性若想挑戰傳統習俗，此時配偶力挺，才是實現心願的重要助力。台灣已婚男性的觀念越來越進步，傳統上以夫家為主的年節規範已經鬆動，愈來愈多已婚男性，能接受除夕夜陪太太回娘家團圓。反倒是父母輩受到「嫁出去的女兒，潑出去的水」的傳統約束，不敢讓女兒回家吃年夜飯。所以要挑戰及突破傳統，還是要耐心、理性的溝通。

　　不少男性希望妻子把夫家當成自己的家，自己卻無法融入妻子的娘家。甚至也不常到岳父母家走動，只讓妻子自己帶著孩子回娘家。剛開始，娘家媽媽見不到女婿會覺得奇怪，但日子久了也就習慣了。只要女婿體貼與對岳父母禮數周到，似乎足以彌補不太陪妻子回娘家的缺憾。

　　反之，如果丈夫回家探望公婆，妻子通常會跟著回去。這部分男性是否也可放寬些，與你不陪妻子回娘家一樣，妻子也不一定每次都要回去，讓她也享有個人空間。

♥ 溝通不良的原因

　　許多情侶分手是由於溝通不良，戀愛中有哪些溝通方式，可能造成愈來愈大的誤解呢？如：

①愛玩「猜心」遊戲

　　不直接說出自己期待的事物，卻一味希望對方能猜測到，否則就代表不夠愛你。這不僅浪費時間，也造成無謂的紛爭。即使

對方觀察入微，知道你可能期待什麼；仍須透過溝通中的「回饋」過程，來「確認」是否猜對。如果對方能直接問你，或你能直接告知，不是省掉許多時間與心力（還有金錢）嗎？何必吃什麼、看什麼電影等小事，或生日、認識100天紀念日要送什麼禮物，都要玩「你猜猜看」的遊戲呢？

②偽裝出完美形象或對方希望的樣子，不敢表現真實的自己

即使想法不同，也不敢坦白說出來。許多離婚的夫妻會說：「結了婚之後，才發現他／她是個自私、不負責的人。」或說：「我已經忍耐他／她很久了，以前只是為了讓他／她高興，我才不說出來的。」可見至少有一方不坦誠，以偽裝的方式維繫假象和平。為什麼要這麼做呢？為何讓彼此無法及時看清對方，結果造成雙輸的局面呢？

③情緒化、不讓步、意氣用事、抱怨

若要真正溝通及解決問題，就要就事論事且共同負責，一起提出與選擇問題解決策略。情緒化、不讓步、意氣用事、抱怨，只會令人更不愉快、誇大問題、降低合作的意願。談戀愛不總是甜甜蜜蜜的，不論是一方或雙方總會面臨一些困擾，此時就考驗你的「人際智能」及「內省智能」了。

💗 化解歧異的原則

不論是相戀的兩人或兩家之間，差異與衝突是必然的現象。再怎麼甜蜜與和諧，都不應忽視已出現或潛藏的問題。下列是戀愛時化解歧異的溝通原則：

①坦誠、不逃避或敷衍

「坦誠」與「直接了當」有差別，即使坦誠說出真相，仍應選擇措詞，不能人身攻擊（尤其針對對方的弱點、目前的失敗，及其家人的問題），以免造成誤會甚至無法彌補的人際裂痕。相愛的人往往傷害最深，因為對方特別在乎你，所以特別敏感。如果說錯了什麼，就會被放大許多。

如果是居間傳話，就更需要技巧。你的家人對你說話的口吻與用詞，自然與對你的伴侶不同。千萬不可原原本本的傳遞，而要依溝通的目的，重新組合甚至包裝，而後才能說出口。

②保持理智、不情緒化

既然需要溝通，就表示不是那麼簡單的事情。要有足夠的準備，包括心理與實質上。心理準備是指對方不一定能接受或被說服，實質上則是要「沙盤推演」，多設想幾種溝通的說法及其結果。因為有了準備，較能胸有成竹的冷靜以對。不至於遭到對方反擊時，就氣急敗壞、小不忍而亂大謀。若使對方有了防衛心理，日後溝通會更加困難。

③找出解決問題的較佳方案

解決問題的前題是確認問題、分析問題，並提出若干問題解決方案。這個方案不是為誰「量身訂做」，或完全忽略某方的個人權益。而是能讓人口服心服、長治久安的策略。相愛不能只憑衝動，若不能靠智慧來化解歧異，「莫非效應」一定會發生（擔心會出事的地方，往往就會出事）。

④積極維繫彼此的關係

無論如何，即使溝通暫時「破局」，也不要忘了溝通的初衷或終極目標：「你們決定要在一起，所以要努力化解歧異」。如果沒

有這份信念，稍微溝通不良就「動不動說分手」，這和「動不動就說愛我」一樣不成熟。要像周蕙所唱的〈約定〉（作詞／姚若龍，作曲／陳小霞）：

> 一路從泥濘走到了美景，習慣在彼此眼中找勇氣。
> 累到無力總會想吻你，才能忘了情路艱辛。
> 你我約定一爭吵很快要喊停，也說好沒有秘密彼此很透明。
> 我會好好的愛你，傻傻愛你，不去計較公平不公平。

記住！努力溝通是為了維繫關係，而非磨損感情。

Chapter 10

恐怖情人與家庭暴力的應對

🚩 第一節　預防恐怖情人

「若提分手，就要殺掉你及全家人」，這種威脅是愛嗎？

誰能想到，濃情蜜意的情人，竟會瞬間「變臉」，用這麼殘忍的方式傷害我？
誰能想到，單純的拒絕，竟使對方惱羞成怒、由愛生恨，得不到就要毀了我？
誰能想到，和平分手竟有這麼難，付出的代價遠超過自己所能承受？

❤ 為何避不開「錯的人」？

「情殺」案件一再發生，而且愈演愈烈。使大家在談戀愛時，不僅要找到「對的人」，更要先避開「錯的人」。但為何避不開？如蕭亞軒演唱的〈錯的人〉（作詞／作曲／吳克群）：

明知道愛情並不牢靠，但是我還是拚命往裡跳。
明知道再走可能是監牢，但是我還是相信只是煎熬。
朋友都勸我不要不要，不要拿自己的幸福開玩笑。
但是做人已經那麼累，假惺惺的想要逃。
在愛裡連真心都不能給，這才真正的可笑。

避不開的原因之一是，自以為付出了真心，對方也會同等回報；結果卻落得傷痕累累的下場。此時不由得不自嘲「我好笨」，明知是「錯的人」卻還殘存一絲期望。如歌中所唱：

我太笨，明知道你是錯的人，明知道這不是緣分，但我還是奮不顧身。

我太笨，明知道你是錯的人，明知道這不是緣分，但我相信有點可能。

如果發現「錯愛」而能及時脫身、慢慢療傷，還算是幸運。就怕可能賠上性命，甚至殃及家人及無辜。

實境與解析

報載（突發中心，2004），台中市23歲洪姓男子恐嚇同居的姚女（19歲）「敢分手就殺你全家」，但女方已無法忍受其暴躁個性，仍再提分手。洪男盛怒下，用武士刀及番刀將女友砍至重傷，也將女友的姊姊割喉，再殺死兩名熟睡的室友。洪男留下遺書跳樓身亡，遺書寫著：「對不起爸爸媽媽，你們沒有教我處理感情問題，我過不了情關，希望爸媽過得好。」

剛開始，姚女不顧父母反對，相信愛情可以改變男友，與姊姊搬出家裡與洪男同住。後來兩人因個性不合經常爭吵，使姚女想要脫身。

洪男何嘗不想與所愛的人好言相向、好好相處？無奈陷入脾氣爆發及不斷爭吵的惡性循環後，才想一死百了、同歸於盡。臨死前他「遺憾」父母沒有教導他如何處理感情問題，才使愛情走進了「死胡同」。

多少父母會想到，除了供應孩子衣食住行、讀好學校之外，還要教導孩子「處理感情問題」？但，發生了那麼多高學歷孩子情關難過，以致自誤誤人的情殺案之後，為人父母者應能認同：「愛情

學分」是必修學分，「和平分手」是非常重要的課程吧！

如果家長沒有注意或體認到「處理感情問題」的重要，就拜託學校老師做最後的「把關」，提醒現代中學生、大學生：享受愛情的前提是懂得真愛；真愛不是占有、不是毀滅，而是關懷與守護。如高慧君演唱的〈守候〉：

這一生執著，幾時能看透，解不開是誰的枷鎖。

這一生有夢，但願你能懂，路再長我仍為你守候。

2014年9月，黃男入伍服役放假，蒙面潛入女友家中，用童軍繩勒斃午睡的女友母親；一個多小時後將下班回家的女友細綁後性侵再勒斃，並搜括女友房內一萬元現金，當天深夜被警方逮捕。

21歲的黃男與女友交往兩年多，女友把打工賺得的二十餘萬元交給他保管，卻遭他花光。兩人為此嚴重爭執，女友提出分手，並向黃要債，使黃由愛生恨。

黃男1歲父逝，由母親扶養長大，與女友讀同一所高職。黃男入伍後，女友在媽媽陪同下找黃母討錢，黃母僅同意還款十萬元。黃男因債務愧對母親，認為女友不顧舊情而萌生殺機，當晚購買三條童軍繩，伺機下手。

至2015年3月，法院心理鑑定顯示教化黃男「顯非易事」，若不永久與世隔絕，日後極可能以相同手段侵害他人，因此依殺人等罪判黃死刑。家屬附帶求償兩千多萬元，移由民事庭審理。

看到上述慘案，不要以爲只是某些人比較胡塗或倒楣，才會遇到恐怖情人。不少人是「當局者迷」或「五十步笑百步」，不到最後一刻仍掉以輕心，不相信自己會遇到「危險情人」，惹上滅門之禍。

「恐怖情人」的特徵

有什麼跡象顯示對方是恐怖或危險情人嗎？要怎麼做才能「全身而退」？「恐怖情人」可能是：脾氣較大的人、觀念較傳統的人、禁不起拒絕或挫敗的人、不喜歡別人頂撞的人、以言語威脅別人的人、缺乏人生目標的人、欠債的人……。總之，只要多警覺，悲劇發生之前或多或少都會透露些許徵兆。

2015年，台北市政府警察局婦幼警察隊爲積極宣導婦幼安全，於白色情人節前夕（3月13日）與台北市家庭暴力暨性侵害防治中心共同舉辦「S.O.S遠離暴力，愛不失控」記者會。婦幼警察隊邱子珍隊長提醒，當感覺到危機即將發生時，應立即在第一時間發出求救訊號，勇於向警方、社政單位尋求協助。「求救快、搬家快、換工作也要快！」贏過了時間，才有可能平安脫身，千萬不可合理化、隱忍暴力行爲的存在，以免造成無法挽回的遺憾。

暴力並非一時，而是循環發生。當發生第一次時，加害人沒有受到阻止或懲罰，便容易引發下一次的暴力循環。並且每次循環之時間間距縮短，虐待暴力期的出現增長。長期下來，形成虐待暴力期之無限延續，暴力反而變成常態、正當、例行之行爲。

暴力不會突然發生，其出現係有跡可循，例如伴侶出現情緒瞬間轉變，或虐待動物、小孩等行爲，都是暴力行爲的警訊。

可以先暫時保持距離，等彼此冷靜後再找適當時機提出分手。學習溝通表達，才能保護自己及家人的安全。更要審愼理性研擬分

手計畫,注意以下幾點:

1. 提分手的場合最好選擇人多的餐廳、咖啡店等公共空間,避免在封閉式場所,並請朋友陪同。

2. 提分手理由時盡量以客觀、平靜語氣陳述,千萬不要以情緒性語言控訴,避免引起無謂的爭執。

3. 既然確定要離開了,就不要再給予親密的機會。連共處一室的情況都要避免,這樣會給對方錯誤的期待以及可乘之機,讓事情變得複雜。

4. 若對方有施暴意圖,應保持冷靜。勿以激烈言語或行為刺激施暴者,採取低姿態,放鬆其戒心,使施暴者撫平情緒,再伺機逃離現場。一定要立刻離開現場,不要徒手跟他搏鬥或出言激怒,以免造成更大傷害。

5. 對方如果持續騷擾無法遏止,可以撥打110報案專線或113婦幼保護專線,警方會立即處理並提供適當保護,如:協助送醫、受理報案及通報家庭暴力暨性侵害防治中心,提供後續必要之協助。並應避免落單外出,讓對方有機可乘。

婦幼隊長邱子珍提醒,若在交往過程中有下列狀況,對方就可能成為恐怖情人,如:

· 過度的追求行徑與騷擾。

· 控制欲望強烈。

· 特別會甜言蜜語。

· 高自卑、低自尊。

· 不能承受失敗情緒。

· 有暴力傾向。

· 自吹自擂。

‧缺乏長期人際關係。

‧與家人關係不睦。

‧過於冷漠、易生氣、衝動。

‧缺乏同理心、容易與他人發生衝突。

‧有酗酒和吸毒習慣。

♥ 自己是不是恐怖情人？

反之，誰會想到自己會變成危險情人，鑄下無可挽救的大錯？有人不只一次在情緒衝動下對情人施暴後，才驚覺「怎麼自己竟是恐怖情人」？雖然跟情人鄭重道歉，情人也願意原諒，但仍擔心自己再度失控而施暴！

怎麼知道自己是不是恐怖情人？台北醫學大學公共衛生學系副教授呂淑妤（2012），依據過去愛情EQ學的教學經驗以及大學生的意見，設計第一份本土化「愛情EQ量表」（**表10-1**）。

表10-1　愛情EQ自我檢測量表

	非常同意	同意	不同意	非常不同意
1.就算不喜歡對方，我仍會感恩所有對我有好感的異性	3	2	1	0
2.如果我告白後未獲肯定，我會隨緣，不強求	3	2	1	0
3.我對感情的付出，並不會強求一定要有回報	3	2	1	0
4.寧可我辜負別人，別人不能辜負我	0	1	2	3
5.即使面對壓力，也不會遷怒對方	3	2	1	0
6.吵架時不翻舊帳	3	2	1	0
7.吵架或冷戰的時間，以不超過24小時為限度	3	2	1	0
8.萬一被甩或被騙，也不會用激烈手段報復對方	3	2	1	0
9.縱然有巨大的情傷，也不會傷害自己的生命	3	2	1	0

【得分說明】

0分～16分（低愛情EQ）

您對於高病原的「情」流感抵抗力不足，建議找高手協助加強免疫力喔！

17分～20分（中愛情EQ）

您的得分屬普羅大眾型，可以再往高EQ進化喔！

21分以上（高愛情EQ）

您屬EQ高手，請多協助周遭親友克服「情」流感！

資料來源：台北醫學大學公衛系副教授呂淑好。

我的男朋友啊......總是要過濾我的
交友狀況，而且還偷看我的line！

妳只能活在我的城堡裡......

我女友也是！她還總是使喚我，要我幫她
買各種東西呢！

我就是公主！

雖然能被愛是很高興
但有點喘不過氣來啊......

分手了不知道
她會怎樣......

現在不分，萬一結婚後家暴等問題
發生才離婚更麻煩吧！

！！

插圖／胡鈞怡

不要給恐怖情人任何機會

呂淑妤的調查指出，「恐怖情人」的特徵依序為：**攻擊行為、暴躁易怒、控制慾強、疑心病重、有自殘行為和吸毒**。根據性別進行量表分析則發現，男大生的愛情EQ略高於女大生。恐怖情人通常一接觸就是災難的開始，所以交往前請多留意對方到底是不是恐怖情人。如果有疑慮，不要給對方任何機會、斷然拒絕，否則極易惹禍上身！如下面這個案例：

實境與解析

報載（鄭宏斌，2014），17歲蔡姓高職生情路受挫，約前女友蕭姓高中生談判，持刀將對方刺成重傷。返家後試圖跳樓自殺，得知蕭女脫險才下樓就逮，依殺人未遂移送。

蔡男發覺蕭女常閃躲他或避不見面，懷疑女方劈腿，彼此時常爭吵。女方想分手，蔡男以死相逼。蕭女曾傳簡訊給蔡男母親求助，但未受到關注。

蔡男晚上十點多約蕭女到公園談判，蕭母擔心女兒安危陪同前往，並刻意站在兩人中間。蔡男由吳姓友人陪伴，吳擔心蔡失控，還先搜出蔡車內的兩把水果刀保管。

雙方見面後，蕭女稱「已經沒有任何感覺」，蔡感覺無法挽回女友，竟拿出預藏在口袋中的水果刀，閃過蕭母，往蕭女左側胸刺殺一刀。蕭女經送成大救治，肺部破裂，手術後仍在加護病房觀察。

由上述案例可知，分手談判時，即使雙方都有人陪伴，仍可能無法阻止悲劇的發生。所以，遇到恐怖情人千萬不要掉以輕心，不能以「正常人」的邏輯來衡量對方的行為。你認為不可能發生的事情，在恐怖情人身上不僅可能而且還會變本加厲。

第二節　處理家庭暴力

十分相愛的人，為何會「變臉」到令人不敢置信的地步？被情人一再毆打的人，可能很難對自己解釋清楚。台北市家庭暴力暨性侵害防治中心陳淑娟主任表示，情人且同居關係發生暴力案件的數目，有逐年上升趨勢。以最近的統計：民國101年為733件（16.09%），到民國103年為961件（20.22%）。

❤ 為何忍心動手？

使用暴力後，暫時可以獲得控制感。這很容易讓人誤以為暴力是獲得權力的好途徑，因而上癮。**為避免暴力的負面影響與惡性循環，應體認到「一再原諒」不是最好的方式；同時也要認清自己已被暴力控制的事實，不要一錯再錯。**受暴者若不能掙脫此循環，極可能成為下一個施暴者，造成不斷的輪迴。

《家庭會傷人——自我重生的契機》一書作者約翰·布雷蕭（John Bradshaw）所著《你真的懂得愛嗎？——創造真愛手冊》一書中提到，遭受父母虐待的人，會有下列四種反應（1994，頁55）：

第一種也是最糟糕的一種，長大後變成虐待別人的人，特別是

對他們的孩子。

第二種，按照別人虐待他的方式虐待自己。

第三、四種，不再信任父母，築起孤絕的高牆，潛意識的不跟別人太親近，終身飾演被害人的角色。

由此可知，唯有保護被父母虐待的兒童，終止父母的暴力惡行，才可能進一步阻止受虐兒童長大後成為施虐者。包括成為「恐怖情人」，得不到愛就殘忍的虐殺對方；或在愛情當中出現種種虐待行為，讓對方膽戰心驚、生不如死。持續到婚姻關係，則可能虐待子女。這類恐怖的虐待行為若不能被「阻止」，將沒完沒了。

所以，若你發現情人曾遭受父母虐待，請積極陪伴他／她尋求實質與心理的幫助。若他／她無法獲得解救，你們也很難擁有真正的幸福。

❤ 面臨家暴的自救之道

婦女救援基金會（www.twrf.org.tw）提醒：打人是犯罪行為，「家庭暴力防治法」（民國87年6月24日公布，民國104年2月4日修正）會提供公權力的保護。愛情中的受暴者要勇敢站出來，不只是保護自己，更為了終止暴力循環。「家庭暴力防治法」最重要的法律條文如下：

一、何謂家庭暴力？

指家庭成員間實施身體或精神上不法侵害之行為。包括：

1.騷擾：任何打擾、警告、嘲弄或辱罵他人之言語、動作或製造使人心生畏怖情境之行為。

2.跟蹤：任何以人員、車輛、工具、設備或其他方法持續性監
　視、跟追之行為。依法可對加害人實施認知教育輔導、心理
　輔導、精神治療、戒癮治療等。（第2條）

由上述可知，不僅是毆打，包括言語羞辱、行動自由的限制、
因不信任而偷窺及跟蹤，均屬家庭暴力的範圍。加害人的言行造成
你的恐懼，這已不是愛情力量可以改變。所以，**不要再沉默，應趕
快通報，讓他／她得到矯正、輔導與治療的機會。否則現在她／他
只是打傷你，下一次就可能要你的命甚至殃及其他你愛的人。**

二、何謂家庭成員？

本法所定的家庭成員，包括下列各員及其未成年子女：配偶或
前配偶；現有或曾有同居關係；現為或曾為直系血親或直系姻親；
現為或曾為四親等以內之旁系血親或旁系姻親（第3條）。

因情殺事件頻繁，2015年1月，立法院三讀修正通過「家庭暴力
防治法」部分條文（第63-1條），將「恐怖情人條款」入法。「被
害人年滿十六歲，遭受現有或曾有親密關係之未同居伴侶施以身體
或精神上不法侵害之情事者，準用家暴法訂定的保護措施。前項所
稱親密關係伴侶，指雙方以情感或性行為為基礎，發展親密之社會
互動關係。」

此次修法不再將親密關係伴侶局限於「同居關係」，擴大了家
暴法的保護範圍至「未同居伴侶」（該條文於公布後一年施行）。

三、家庭暴力防治中心有何功能？

直轄市、縣（市）應設立家庭暴力防治中心，辦理下列事項：

1.提供二十四小時電話專線服務。

2.提供被害人二十四小時緊急救援、協助診療、驗傷、採證及緊急安置。

3.提供或轉介被害人心理輔導、經濟扶助、法律服務、就學服務、住宅輔導，並以階段性、支持性及多元性提供職業訓練與就業服務。

4.提供被害人及其未成年子女短、中、長期庇護安置。

5.轉介被害人身心治療及諮商。

6.轉介加害人處遇及追蹤輔導。

7.追蹤及管理轉介服務案件。

8.推廣家庭暴力防治教育、訓練及宣導。

9.辦理危險評估，並召開跨機構網絡會議。

10.其他家庭暴力防治有關之事項。（第8條）

所以，戀愛中遭受家庭暴力時，要勇於向家庭暴力防治中心求助；就像便利商店一樣，家庭暴力防治中心也會二十四小時隨時守護你。也許你會膽怯、擔心對方更加殘暴的對待你，家暴中心不僅保護你的身體安全，還會安撫你的不安定，以免心靈創傷跟隨你一輩子。還包括對加害人的處遇與輔導，才能停止他／她對你以及下一個人的傷害循環。

四、何謂保護令？

「保護令」是具體的防護牆，讓加害人不得再靠近你，包括任何的聯絡行為。被害人向法院聲請的保護令有通常保護令、暫時保護令（或緊急保護令）兩種。（第10條）

(一)通常保護令

法院於審理終結後，認有家庭暴力之事實且有必要者，應依

聲請或依職權核發包括下列一款或數款之通常保護令，與「恐怖情人」有關者如下：

1. 禁止相對人對於被害人或其特定家庭成員實施家庭暴力。
2. 禁止相對人對於被害人為騷擾、接觸、跟蹤、通話、通信或其他非必要之聯絡行為。
3. 命相對人遷出被害人之住居所；必要時得禁止相對人就該不動產為使用、收益或處分。
4. 命相對人遠離下列場所特定距離：被害人之住居所、學校、工作場所或其他被害人或其特定家庭成員經常出入之特定場所。
5. 定汽車、機車及其他個人生活、職業或教育上必需品之使用權；必要時，並得命交付之。
6. 命相對人交付被害人或特定家庭成員之醫療、輔導、庇護所或財物損害等費用。
7. 命相對人完成加害人處遇計畫。
8. 命相對人負擔相當之律師費用。（第14條）

「通常保護令」之有效期間為一年以下，自核發時起生效。失效前，法院得依當事人或被害人之聲請撤銷、變更或延長之。延長之期間為一年以下，以一次為限。（第15條）

(二)暫時或緊急保護令

如果有立即危險，不能等待法定程序的審理過程；依規定，聲請人到庭或電話陳述家庭暴力之事實，**足認被害人有受家庭暴力之急迫危險者，應於四小時內以書面核發「緊急保護令」**，並得以電信傳真或其他科技設備傳送緊急保護令予警察機關。法院核發暫時保護令或緊急保護令，得不經審理程序（第16條）。

五、家庭暴力現行犯如何處置？

警察人員發現家庭暴力罪之現行犯時，應逕行逮捕之（第29條）。

檢察官、司法警察官或司法警察依前條第二項、第三項規定逕行拘提或簽發拘票時，應審酌一切情狀，尤應注意下列事項：

1. 被告或犯罪嫌疑人之暴力行為已造成被害人身體或精神上傷害或騷擾，不立即隔離者，被害人或其家庭成員生命、身體或自由有遭受侵害之危險。
2. 被告或犯罪嫌疑人有長期連續實施家庭暴力或有違反保護令之行為、酗酒、施用毒品或濫用藥物之習慣。
3. 被告或犯罪嫌疑人有利用兇器或其他危險物品恐嚇或施暴行於被害人之紀錄，被害人有再度遭受侵害之虞者。（第30條）

家庭暴力罪或違反保護令罪之被告，經檢察官或法院訊問後，認無羈押之必要，而命具保、責付、限制住居或釋放者，得附下列一款或數款條件命被告遵守：

1. 禁止實施家庭暴力。
2. 禁止對被害人為騷擾、接觸、跟蹤、通話、通信或其他非必要之聯絡行為。
3. 遷出被害人之住居所。
4. 遠離下列場所特定距離：被害人之住居所、學校、工作場所或其他被害人或其特定家庭成員經常出入之特定場所。
5. 其他保護被害人或其特定家庭成員安全之事項。（第31條）

六、被毆打時要做什麼？

當妳被同居人、男友恐嚇或毆打時，正確做法是：

1. 撥打求助電話：

   家暴及性侵害全國保護專線：113

   內政部家庭暴力防治委員會：(02)2358-3022

   台北家暴防治中心保護專線：0800-024995

   台中市政府家暴防治中心：(04)2225-8659

   高雄市政府家暴防治中心：(07)535-5929

   台北市婦幼警察隊：(02)2759-0827

   婦女救援基金會：(02)2555-5595

2. 警察抵達現場時，請他製作「處理家庭暴力案件現場報告表」。

3. 尋找安全住居所，如：旅館、親人或朋友的家。如果找不到，可打電話到家庭暴力防治中心求助，或前往台北市女警隊或各縣市警察局，他們會安排妳到最近的緊急庇護所暫時居住。

4. 需要驗傷時，許多醫療服務都是免費的，可直接找醫院的社會服務室。

5. 找值得信任的親友、師長或社工員商量，只要他們是可以讓你放心去談的，即是適合的對象。他們的建議與答案不一定都對，但是透過與他們交談，妳可以釐清自己的想法和處境，為自己做出決定。

近來，男性遭家暴的比率逐年升高，因他們漸能拋開面子，勇於聲請保護令。男女受到家暴，向專業機構求助的比例約為一比

十，主要因為男性怕被嘲笑。所以雖然男性求助案日增，但還有很多「隱性」個案。

♥ 雨過天青──你值得幸福

處理家暴的歷程是辛苦的，但若對方這麼不尊重你、不珍惜你，把你打趴在地上時，你要躺在地上繼續挨打、被羞辱，還是保全自己寶貴的性命，追求屬於自己的幸福？

對於欺凌我們的人，不必再想如何報復，法律自然會對她／他「加倍奉還」。

實境與解析

兩性及婚姻專家王瑞琪說，從前她在工作或人際關係上有困擾時，想跟前夫聊聊；前夫總不耐煩，聽不了幾句就給建議：「這很簡單，妳就這樣做嘛！」若不照他的意思做，還會生氣。更糟的是，前夫認為傳統的好女人不可以頂嘴，否則會遭受「懲罰」（暴力相向）。

王瑞琪近二十年的婚姻，被前夫拳腳「招呼」多次，她「只」驗過兩次傷。一次是前夫拿菸灰缸砸她的頭，另一次是前夫抓著她的脖子撞牆。前夫強迫孩子吃肉，她護著女兒：「她不想吃就不要吃嘛！」前夫認為她在孩子面前藐視他的權威，立刻大發脾氣。

即使婚姻失敗，王瑞琪還是相信：理想的伴侶，一定要先成為「很好的朋友」。在生活中互相扶持，在心靈上對等交流，這應該是大家對理想婚姻的共同目標吧！王瑞琪的領悟是（頁68）：

過去我尊重他，犧牲了自己的想法，這樣千依百順，也沒有換來一個忠誠的丈夫和幸福的婚姻。……從今以後，我要對自己的生活品質負責，再也不要讓一個不愛惜我的人，來決定我該怎麼過日子了！

　　王瑞琪很幸運，沒有被前夫打死，以致女兒失去母親。但除了直接的家暴受害者之外，王瑞琪的女兒也許親眼目睹母親被毆打，除了當時感到恐懼、怨恨及痛苦、矛盾等情緒外，會否影響日後的身心健康，或造成對愛情與婚姻的心理陰影，這些都是必須注意與心理輔導的重點。光靠時間或遺忘來治療，並不是好方法。

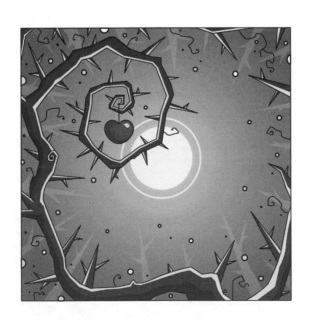

Note...

NOV
1
2019

Wedding
Invitation
Party

附　錄

台灣親密關係暴力危險評估表（TIPVDA）

被害人姓名：_____加害人姓名：_____兩造關係：_____

填寫日期：___年___月___日

填寫人單位：_____填寫人姓名：_____聯絡電話：_____

本表目的：本評估表的目的是想要了解親密暴力事件的危險情形，幫助工作者瞭解被害人的危險處境，加以協助；也可以提醒被害者對於自己的處境提高警覺，避免受到進一步的傷害。

填寫方式：請工作夥伴於接觸到親密關係暴力案件被害人時，詢問被害人下列問題，並在每題右邊的有或沒有的框內打勾（✓）。

（下面各題之"他"是指被害人的親密伴侶，包括配偶、前配偶、同居伴侶或前同居伴侶）

※你覺得自已受暴時間已持續多久？___年___月。

評估項目	沒有	有
1.他曾對你有無法呼吸之暴力行為。 （如：□勒／招脖子、□悶臉部、□按頭入水、□開瓦斯、 或□其他_____等）	□	□
2.他對小孩有身體暴力行為（非指一般管教行為）。（假如你 未有子女，請在此打勾 □）	□	□
3.你懷孕的時候他曾經動手毆打過你。（假如你未曾懷孕，請 在此打勾 □）	□	□
4.他會拿刀或槍、或是其他武器、危險物品（如酒瓶、鐵器、 棍棒、硫酸、汽油…等）威脅恐嚇你。	□	□
5.他曾揚言或威脅要殺掉你。	□	□
6.他有無說過像：「要分手、要離婚、或要聲請保護令…就一 起死」，或是「要死就一起死」等話。	□	□
7.他曾對你有跟蹤、監視或惡性打擾等行為（包括唆使他人）。 （假如你無法確定，請在此打勾 □）	□	□
8.他曾故意傷害你的性器官（如踢、打、搥或用異物傷害下 體、胸部或肛門）或對你性虐待。	□	□
9.他目前每天或幾乎每天喝酒喝到醉（「幾乎每天」指一週四 天及以上）。若是，續填下面兩小題： (1) □有 □無　若沒喝酒就睡不著或手發抖。 (2) □有 □無　醒來就喝酒。	□	□
10.他曾經對他認識的人（指家人以外的人，如朋友、鄰居、同 事…等）施以身體暴力。	□	□
11.他目前有經濟壓力的困境（如破產、公司倒閉、欠卡債、龐 大債務、失業等）。	□	□
12.他是否曾經因為你向外求援（如向警察報案、社工求助、到 醫院驗傷或聲請保護令…等）而有激烈的反應（例如言語恐 嚇或暴力行為）。	□	□

13.他最近懷疑或認為你們之間有第三者介入感情方面的問題。	☐	☐
14.你相信他有可能殺掉你。	☐	☐
15.過去一年中，他對你施暴的情形是否愈打愈嚴重。	☐	☐

被害人對於目前危險處境的看法（0代表無安全顧慮，10代表非常危險）

請被害人在0-10級中圈選：

```
          0   1   2   3   4   5   6   7   8   9   10
          不怎麼危險      有些危險  頗危險    非常危險
```

上列答有題數合計　　分

☐ TIPVDA分數小於8，但經評估為高危機個案

警察／社工員／醫事人員對於本案之重要紀錄或相關評估意見註記如下：

1.TIPVDA分數大於8分或經評估為高危機個案，被害人是否願意警政介入協助約制加害人？
　☐願意　☐不願意
2.其他相關紀錄及評估意見：

資料來源：台北市家庭暴力暨性侵防治中心提供。

參考文獻

王瑞琪（2002）。《終於學會愛自己——一位婚姻專家的離婚手記》。
　　台北：心靈工坊。

王萬清。〈婚姻契約——兩性平等的具體實踐〉。引自www2.nutn.edu.
　　tw/gac690/.../兩性關係手冊。

呂政達譯（1994）。約翰‧布雷蕭（John Bradshaw）著。《你真的懂得
　　愛嗎？——創造真愛手冊》。台北：月旦。

呂淑妤（2012）。大學生的愛情EQ調查～避免「情」流感。台北醫學大
　　學公共衛生暨營養學院。

李奕昕、廖炳棋（2014/9/23）。〈台大畢高材生　愛不到妳殺死妳〉。
　　《聯合報》，頭版。

林秀姿（2014/10/10）。〈升遷難！大學校長女性只占5.6%〉。《聯合
　　報》，AA版。

牧慕（2009/6/8）。〈高學歷女人的男人〉。《聯合報》，D版。

突發中心（2004/1/6）。〈敢分手就殺你全家，癡男殺姐妹花，四死一重
　　傷〉。《蘋果日報》，頭版。

胡若梅、周毓翔（2014/12/8）。〈家庭價值與婚姻平權的拔河〉。《聯
　　合報》，A6版。

苗君平（2011/9/20）。〈網路恐怖情人，25歲男刺死高二女，再自
　　殺〉。《聯合報》，A3版。

許俊偉（2015/2/27）。〈薪情落差，台灣男女薪逐年縮小〉。《聯合
　　報》，A13版。

都會地方中心記者／連線報導（2014/5/10）。〈擋不了的愛？國二女偕
　　網友殉情亡〉。《聯合報》，A12版。

陳其邁譯（2001）。安東尼‧紀登思（Anthony Gieedens）著。《失控的
　　世界——全球化與知識經濟時代的省思》。台北：時報。

陳梅影譯（1993）。摩特‧雪維茲（Morton H. Shaevitz）著。《跳出兩性拔河的陷阱》。台北：自立晚報。

陳麗文（2002）。〈兩性平權在家庭〉。《女學學誌》，14，174-273。

喻文玫（2015/4/8）。〈台中一中老師他變她〉。《聯合報》，頭版。

彭懷真（2009/5/10）。〈全世界最棒的工作──做母親〉。《聯合報》，A6版。

黃干（2009/6/20）。〈為愛，女人真偉大〉。《聯合報》，D版。

黃美廉等（2003）。《我們要女兒活得精彩》。台北：勵馨基金會。

葉臻（2015/3/10）。〈脊損夫妻，輪椅環島拍婚紗〉。《聯合報》，A8版。

鄭宏斌（2014/9/29）。〈談分手，17歲高職生殺傷女友〉。《聯合報》，A11版。

賴英照（2015/1/18）。〈婚姻的守門人（下）〉。《聯合報》，A14。

錢基蓮譯（2008）。芭芭拉‧安吉麗思（Barbara De Angelis）著。《你該知道的真愛祕密》。台北：天下遠見。

戴蘊如譯（2002）。約翰‧科拉品托（John Colapinto）著。《性別天生──一個性別實驗犧牲者的真實遭遇》。台北：經典傳訊。

蘇芊玲、蕭昭君主編（2006）。《擁抱玫瑰少年》。台北：女書文化。

愛情學分與分手藝術

作　　者／王淑俐
出 版 者／揚智文化事業股份有限公司
發 行 人／葉忠賢
總 編 輯／閻富萍
特約執編／鄭美珠
地　　址／新北市深坑區北深路三段 260 號 8 樓
電　　話／(02)8662-6826
傳　　真／(02)2664-7633
網　　址／http://www.ycrc.com.tw
　E-mail　／service@ycrc.com.tw
印　　刷／鼎易印刷事業股份有限公司
Ｉ Ｓ Ｂ Ｎ／978-986-298-185-6
初版二刷／2018 年 3 月
定　　價／新台幣 300 元

國家圖書館出版品預行編目資料

愛情學分與分手藝術 / 王淑俐著. -- 初版. --
新北市：揚智文化, 2015.05
面；　公分

ISBN 978-986-298-185-6(平裝)

1.戀愛　2.兩性關係

544.37　　　　　　　　　　　　　104007340